李德生　编著

抗战图史
老烟画的抗战记忆

山西出版传媒集团
山西人民出版社

图书在版编目（CIP）数据

抗战图史：老烟画的抗战记忆 / 李德生编著． --
太原：山西人民出版社，2014.2
　ISBN 978-7-203-08425-9

Ⅰ．①抗… Ⅱ．①李… Ⅲ．①卷烟—商标—中国—民
国—图集②抗日战争史—中国—图集 Ⅳ．①J524.4
②K265-64

中国版本图书馆CIP数据核字（2013）第295186号

抗战图史:老烟画的抗战记忆

编　　著：李德生
责任编辑：贾　娟
装帧设计：刘彦杰
出 版 者：山西出版传媒集团·山西人民出版社
地　　址：太原市建设南路21号
邮　　编：030012
发行营销：0351-4922220　4955996　4956039
　　　　　0351-4922127（传真）　4956038（邮购）
E – mail：sxskcb@163.com　发行部
　　　　　sxskcb@126.com　总编室
网　　址：www.sxskcb.com
经 销 者：山西出版传媒集团·山西人民出版社
承 印 者：山西臣功印刷包装有限公司
开　　本：787mm×1092mm　1/16
印　　张：9.5
字　　数：200千字
印　　数：1-6000册
版　　次：2014年2月　第1版
印　　次：2014年2月　第1次印刷
书　　号：ISBN 978-7-203-08425-9
定　　价：32.00元

如有印装质量问题请与本社联系调换

前　言

　　烟画，也叫香烟画片，是旧日附在香烟包内的一种广告宣传品。这种很有特色的传媒，原是美国卷烟厂1875年发明的。其作用，一是为了香烟包装挺括，二是为了促销，作为回报，赠送给消费者一张小礼物。由于它印刷精美、内容丰富，一直深受人们欢迎。1885年，随着美国烟草公司对亚洲市场的开拓，烟画也随着纸烟一起进入了中国。20世纪初，烟草大战在世界范围内兴起，中、外诸大烟厂争先恐后地发行烟画，来争夺消费群体。烟画的内容就更加丰富，包罗万象，而兴盛一时。长幼妇孺竞相传看，收藏烟画形成风气，一度与钱币、邮票并重，成为世界三大收藏之一。

　　1946年，抗日战争胜利后，由于烟草大战的终止，烟画在国内的发行越来越少，收藏的人也少了，烟画慢慢地被人遗忘。尤其，经过"文化大革命"，完整存世的烟画极为稀少。笔者有幸收藏有两万余枚，其中天文地理、中外古今、民俗风物、市井世相、文学典籍、飞禽走兽、花鸟鱼虫、新闻时事，无所不包，应有尽有。笔者曾在温哥华中信中心、列治文图书馆举办过两次《烟画大展》，引起中、外人士的广泛关注。加拿大《太阳报》、北美《星岛日报》、《明报》、《世界日报》都给予了详细的报导。他们说：这些小画片，在中国经历了多次的政体变革，经历过军阀混战、北伐战争、抗日战争和国内战争的洗礼。每一帧作品都积淀着深厚文化内涵，也铭刻着鲜明的时代痕迹。若放在一起欣赏，称得上是一部图文并茂的小百科，也更像"一座掌中的博物馆"。

　　有关新闻时事方面的烟画，介绍得很少。尤其，涉及抗日战争方面的烟画，因历史原因，过去有关抗战正面战场及抗战将领等披露得更少。笔者查阅过建国初期的报纸，曾发现过这样一件涉及烟画的政治事件。有一位叫陈静义的人，他在市面上购买了一包上海裕华烟草公司出品的"红士"牌香烟，打开之后，发现烟包内有一枚《抗战八年胜利画史》

的烟画，上面画着国民党军队与日寇浴血奋战的场面。这位政治觉悟很强的陈先生便致信《人民日报》，质问："何以在新中国诞生之后，还有人用反动画片替国民党反动派招魂！"《人民日报》在《读者来信》一栏中，刊登了这位陈先生的指责。上海裕华烟草公司吓坏了，忙不迭地致信《人民日报》致歉，对此给予解释：

> 编辑同志：二月二十二日，贵报"读者来信"栏，陈静义同志对红士牌香烟里的反动画片提出批评，这种热情的指正，我公司非常感激。事情的经过是这样：我公司在一九四六年八月，为了使"红士"牌香烟增加销售，便绘制抗战画片附在小包内。至一九四九年二月乃自动将该画片取消，改绘京剧画片；并于本年二月五日登《光明日报》公告取消。我公司早于一九五〇年五月十一日，也曾将采用抗战画片纯粹是广告性质及停止采用等情况连同画片样子，函报上海市人民政府工商局。京津各地批销卷烟同行，爱将香烟收藏数年之后再慢慢出售，此种习惯尽人皆知。照此情况，陈同志所买的"红士牌"香烟一定是数年前的旧货。现在我公司已于二月二十七日遵上海市工商局指示，将印刷抗战画片之玻璃底版及铅皮版呈局销毁。我们非常感谢陈同志对我们的批评，希望大家多提意见。
>
> 上海裕华烟草股份有限公司
> 一九五一年三月二日

当时，《人民日报》对这封信冠以《对红士牌香烟内反动画片上海裕华烟草公司的答复》的标题见报的。从此，这类抗日题材的烟画就带上了"反动画片"的政治帽子。

裕华烟草公司的创始人何英杰先生，出生于上海浦东的一户平民之家，小学没读完，迫于生活，14岁就进入印刷厂当了学徒，他学得一身好本事，尤其精于印刷技术。20岁时，他创办了上海新亚印刷厂。抗日战争爆发时，经济破坏、百业萧条，他以坚强的毅力努力经营。正赶上纸价暴涨，他赚到了第一桶金。1942年，英美烟草公司受到日本侵略者的挤兑，难以经营，遂抽调资金，退出大陆。何英杰慧眼独具，认为将来烟草业必有大的发展，便创办了裕华烟草股份有限公司。打出了"高乐"、"红士"等香烟品牌，行销问世，大获欢迎。不仅畅销国内诸大城市，在东南亚、新加坡也享有盛誉。何英杰为人豪爽，一向认为："金钱取之社会，最终还要还归社会"，是一位十分开明的资本家。抗战期间，他支持政府军队、救济灾民，捐助了许多金钱，在商界和民间享有良好的口碑。1945年抗战胜利，何英杰与全国人民一样欢欣鼓舞，发誓要出版一套最精彩的《抗战八年胜利画史》烟画，以长民族志气。他重金聘请了好几位有名的画家，认真绘制设计，以画述史，务求精到。正如他在广告上所说：

  中国人不能不知！抗战八年大事。大国民不能不看！抗战胜利画史！抗战胜利乃中国历史上最光荣之一页。人民从此获得真正之自由解放。国家民族亦可转弱为强，走上建设新生之途。吾人为使此震古烁今之伟业深印国人脑海，永志不忘起见，发愿编画《抗战八年胜利画史》。费年余之心力，卒告完成。全部一百廿号，随久享盛名之"红士牌"香烟附送，每包一张。图文并茂，精彩绝伦。国人于唏嘘快览之下，感念八年悲壮苦难，坚贞卓绝之英绩，必能知所奋勉也！

  这些话，不仅真切地反映出何英杰的爱国心声，同时也代表了所有抗战烟画设计者、出版者的爱国初衷。建国后，随着大陆掀起的"镇压反革命"、"肃清国民党特务"、"三反"、"五反"运动的开展，诸如裕华的《抗战八年胜利画史》、汇众的《抗战胜利纪念》，以及其他大小烟厂在以前发行过的、曾经歌颂过国民党正规军抗日的所有烟画，都沦为了反动的宣传品，而被销毁殆尽。据说，上海诸多烟厂在历次轰轰烈烈的群众运动中，都有揭发、追查"反动画片"的案例发生。笔者曾与原中国美术家协会副主席钟灵先生探讨过，"现在的一些老画家们，都有谁画过烟画？"他说："在三四十年代，画过烟画的人很多，但是他们成名之后，大多不说自己画过烟画。在画界，画广告、画月份牌、画烟画，都属于雕虫小技，上不了大雅之堂。说自己画过烟画，有失身份。所以，他们都不谈这些事儿。据我所知，张正宇、张光宇、丁聪的爸爸丁悚，都曾在烟草公司工作过，都画过烟画。至于，有关抗战内容的烟画是谁画的？可就没处查考了。"

  如今时代变了，政治观念也变了，大陆与台湾之间、两党关系之间都发生了很大的变化。人们对抗战历史也有了新的评价。在山西人民出版社和编辑贾娟女士的支持下，笔者编辑了这本书，其中很多藏品都是首次披露，烟画的说明文字也尽量保留或参考原图所附的说明，愿大家喜欢。

作者、收藏者：李德生写于温哥华

目　　录

《日寇侵华实录》／001

烟画名称：《日寇侵华实录》
出版单位：中国福昌烟公司
美术设计：中国福昌烟公司广告部
　　　　　《申报》摄影部资料室
出版时间：1931年10月
印刷规格：36x60mm
全套数量：35枚
编辑数量：14枚
原附赠于该厂出品的"马占山将军"牌、"918"牌香烟

《一·二八战事》／007

烟画名称：《一·二八战事》
出版单位：中国和兴烟草公司
美术设计：中国和兴烟草公司广告部
　　　　　《申报》摄影部资料室
出版时间：1932年3月
印刷规格：34x60mm
全套数量：105枚
编辑数量：19枚
原附赠于该厂出品的"红妹"牌、"红庐山"牌香烟

《东北义军抗日记》／015

烟画名称：《东北义军抗日记》
出版单位：中国福新烟公司
美术设计：中国福新烟公司广告部
出版时间：1933 年
印刷规格：51x65mm
全套数量：28 枚
编辑数量：26 枚
附赠于该厂出品的"金字塔"牌香烟

《一·二八战事实录》／029

烟画名称：《一·二八战事实录》
出版单位：中国南洋兄弟烟草有限公司
美术设计：中国南洋兄弟烟草有限公司广告部
　　　　　《申报》摄影部资料室
出版时间：1932 年 3 月
印刷规格：36x60mm
全套数量：35 枚
编辑数量：24 枚
附赠于该厂出品的"马占山将军"牌香烟

《十九路军血战图》／041

烟画名称：《十九路军血战图》
出版单位：中国华达烟草公司
美术设计：中国华达烟草公司
出版时间：1932 年 3 月
印刷规格：34x60mm
全套数量：20 枚
编辑数量：7 枚
原附赠于该厂出品的"玉狮"牌香烟

目　录 003

《抗日救国》 /047

烟画名称：《抗日救国》
出版单位：中国中和烟公司
美术设计：丁悚
出版时间：1932 年 4 月
印刷规格：44x66mm
全套数量：35 枚
编辑数量：20 枚
原附赠于该厂出品的"玉兔"牌香烟

《日军侵华实录》 /059

烟画名称：《日军侵华实录》
出版单位：美国 Gum 公司
美术设计：George Moll
出版时间：1938 年
印刷规格：55x70mm
全套数量：288 枚
编辑数量：30 枚
原附赠于该厂出品的"GUM"牌口香糖

《流民图》 /077

烟画名称：《流民图》
出版单位：中国天华烟厂
美术设计：中国天华烟厂
出版时间：1942 年
印刷规格：48x52mm
全套数量：12 枚
编辑数量：11 枚
原附赠于该厂出品的"金盾"牌香烟

《抗战八年胜利画史》/ 083

烟画名称： 《抗战八年胜利画史》
出版单位： 上海裕华烟草股份有限公司
美术设计： 上海裕华烟草股份有限公司广告部
出版时间： 1946 年 8 月
印刷规格： 52×68mm
全套数量： 80 枚
编辑数量： 36 枚
原附赠于该厂出品的"红士"牌、"友啤"牌香烟

《抗战胜利纪念》/ 103

烟画名称： 《抗战胜利纪念》
出版单位： 上海汇众烟草公司
美术设计： 上海汇众烟草公司广告部
出版时间： 1946 年 8 月
印刷规格： 52×68mm
全套数量： 120 枚
编辑数量： 75 枚
原附赠于该厂出品的"纪念"牌香烟

《抗日烟标》/ 125

烟画名称： 《抗日烟标》
出版时间： 1931 年—1946 年
编辑数量： 32 枚

《日寇侵华实录》

烟画名称：《日寇侵华实录》
出版单位：中国福昌烟公司
美术设计：中国福昌烟公司广告部
　　　　　《申报》摄影部资料室
出版时间：1931年10月
印刷规格：36x60mm
全套数量：35枚
编辑数量：14枚
原附赠于该厂出品的"马占山将军"牌、"918"牌香烟

说明：

中国福昌烟公司建于1927年，厂址上海武定路一百一十号。创建人为上海著名企业家、中国新药业先驱黄楚九。该厂创建之初，资金、技术实力强大，而且善于驾驭国人的消费心理，以"中国人要吸中国烟"为号召，广为宣传，创出"紫金山"等名牌产品。其实力一度与英美烟草公司相抗衡。后来，因黄楚九涉猎多种经营，过于投机，管理不善，致使债务累累，官司缠身，福昌烟草公司乃转由周继庭先生经营，企业扭亏为赢。

1931年9月18日，日本关东军炮击中国东北军的北大营，制造了震惊中外的"九•一八"事变。消息传来，举国震惊，全国军民疾呼抗日。福昌烟公司全体员工亦群情激愤，将"紫金山"牌香烟改为"918"牌和"马占山将军"牌，并印制了这组《日军侵华纪实》烟画，随烟附赠，以揭露日本侵略军在东北所犯下的累累罪行。同时，在《申报》刊登了周继庭撰写的广告："愿人人都学马将军！爱国民众已一致改吸马占山将军香烟，因有以下四种原因。一，全国一致景仰马占山将军；二，每箱有慰劳金国币拾元；三，色香味悉能抵抗舶来品；四，破天荒精美花厅由华商康元制罐厂特制，每元二厅。"并将售烟所得利润，全部支援抗战前线。这组烟画是与《申报》记者部合作，选用了战时照片，再现了日寇的暴行，使人牢记国耻。

这套烟画是以大、小不同的两种规格印行。本书选用了36x60mm画片22枚。图片的说明文字系原烟画背面所印的说明。

攻击沈阳之日本步兵

驻守沈阳大西门外之日军禁止行人，断绝交通

东北军被缴之枪械

被日军占领之沈阳旅司令部

攻击东北边防长官公署卫队之日兵

东北边防军司令长官公署于9月19日晨被日军占据

日军在沈阳马路两旁堆置沙袋装设电网威吓住民

日军在沈阳城外集合

沈阳城外日军所掘之壕堑

侵占吉林之日军

日军侵占沈阳后各街道之警卫

吉林日本领馆前之警戒

日军用汽车装运我国被俘官民

日军在沈阳城内街道架设机关枪

《一·二八战事》

烟画名称：《一·二八战事》
出版单位：中国和兴烟草公司
美术设计：中国和兴烟草公司广告部
　　　　　《申报》摄影部资料室
出版时间：1932 年 3 月
印刷规格：34x60mm
全套数量：105 枚
编辑数量：19 枚
原附赠于该厂出品的"红妹"牌、"红庐山"牌香烟

说明：

上海中国和兴烟草公司创办于 1925 年，厂址位于上海成都北路 277 号。经理姚维熊是一位精明能干的企业家，市场经验丰富，经营管理有方，所产"红妹"、"时髦"牌香烟，向以"质量好、烟味甜"享誉市场，畅销不衰。日本侵华，激起国人愤怒。"一·二八事变"，使上海全城沸腾，人们以各种行动，支援十九路军的顽强抵抗，声讨日寇犯下的种种罪恶。

和兴烟草公司在战火中也受到破坏，一些住在闸北的职工遭到日本飞机的轰炸，家破人亡。姚维熊义愤填膺，怒不可遏，在抚慰救助员工的同时，积极与《申报》记者部联系合作，把他们实地拍摄的"日寇侵略上海的罪行"照片，制成玻璃版，印制发行了一套《一·二八战事》的单色烟画，附在"红妹"牌香烟包内，随烟散发。将日寇的罪行广泛地告知群众。同时，也把这些附有画片的香烟，无偿地捐送到坚守阵地的士兵手中，将他们不怕牺牲、坚决抗日的精神和战斗形象永标青史。这种来自后方的支援，深深地鼓舞着前线战士们奋勇杀敌的决心。

这套烟画是分三批印刷，陆续出品的，两个月内一共发行了 105 帧，印数逾万。此事在当时称得上是烟草界的一大壮举，在中国广告史上写下了光辉的一页。

十九路军在简易工事后与敌对峙

汉奸被押赴法场执行枪决

十九路军在战斗间隙休整

十九路军战士严阵以待

十九路军开赴阵地

躲在工事后的日本兵

法租界检查市民

上海街道上大量的逃难市民

被天主教士救助的难民

闸北守军准备对日攻击

战壕内的士兵射击日军飞机

日军指挥部外

日军的铁甲炮车

蔡廷锴军长视察前线

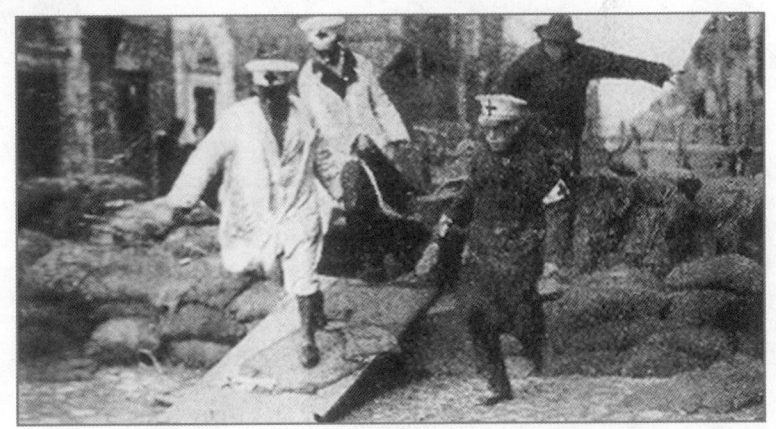
红十字会员抢救伤员

日机投下之大炸弹未爆炸

胆小的日军守备在指挥部

十九路军战士在宝山路射击日寇

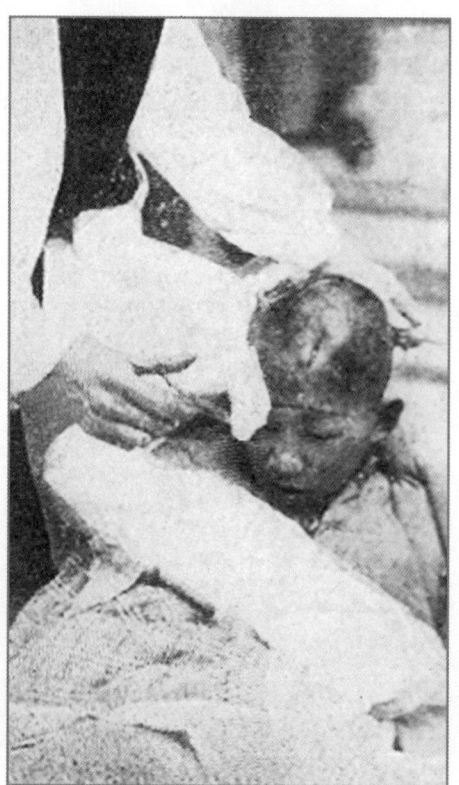

被日寇刺伤的无辜华童

《东北义军抗日记》

烟画名称：《东北义军抗日记》

出版单位：中国福新烟公司

美术设计：中国福新烟公司广告部

出版时间：1933 年

印刷规格：51x65mm

全套数量：28 枚

编辑数量：26 枚

附赠于该厂出品的"金字塔"牌香烟

说明：

中国福新烟草公司创立于1926年，由民族企业家丁厚卿先生接盘原江苏烟厂后改建，厂址设在上海菜市路云成里，资本为五万圆。创办之初，由于缺少经验，单纯追求产量，质量不高，难于竞争，不到一年，便资本亏折。1929年，丁厚卿的长子丁柏泉大学毕业后，出任公司经理，他用现代化的管理方式，增加资本，高薪雇用技术人才，严把质量关。创立新的品牌——"金字塔"和"福尔摩斯"等，上市后广受好评，销路大增。不到一年，扭亏为盈。产品畅销，虽昼夜开工，仍然供不应求。于是，又购置戈登路、澳门路土地数十亩，建成新厂。置有德国卷烟机22台。职工从不满百人增至1500余人。

丁柏泉受过高等教育，秉承实业救国的思想，对日本侵略中国义愤填膺，在淞沪战事期间，全力支持抗战，捐款、义卖，做了很多有益的工作。这组《东北义军抗日记》和先前出品的《一·二八战事》烟画，都属于爱国救亡的上乘之作，在近代广告史上有着巨大的影响。《东北义军抗日记》烟画是采用钢笔淡彩的形式绘制而成。内容是以东北抗日义勇军在长白山、三江平原、小兴安岭等地开展游击战，坚持抗日的英勇事迹组成。发行以后，流传广泛。

抗日战争胜利后，因福新烟草公司继任经理丁荷泉（丁厚卿之五子）在汪伪时期曾出任商统会理事，国民政府查封了福新烟草公司。丁荷泉向南京最高法院行贿，并通过国民党中统局及妇协组织出面，证明丁荷泉系两组织委派的地下工作人员，且以该厂发行过的抗日广告、烟标、烟画及捐款票据为物证，说明丁荷泉具有爱国思想和抗日行动。法院遂改判无罪，发还其财产。

在日军铁蹄下惨遭蹂躏的东北父老

东北军的爱国将士义旗高举,组成义军

爱国将士集结成东北抗日义军

义军战士纪律严明,对敌严阵以待

破坏铁路,以切断日寇的军事运输线

义军战士不畏严寒,埋伏公路两旁阻击敌人

义军战士严守阵地，誓与日寇战斗到底

义军战士时刻警惕日寇的动向

义军行进在东北的崇山峻岭之中

日寇飞机觊觎我长城内外

日军用重炮轰击义军总部

日军开来坦克车攻击义军

日寇轰炸机轰炸东北农舍村镇

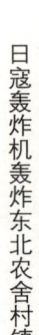

东北抗日义军准备向日寇发起进攻

义军战士充满复仇的决心

战士们爬冰卧雪,不畏艰辛

义军战士轮流监视敌情

日寇在飞机掩护下攻击我方阵地，义军猛烈还击

义军冲锋陷阵

手榴弹扔向日军坦克

刺刀刺向日寇鬼子

义军缴获日军大炮

义军组建了炮兵连

东北义军的抗日精神鼓舞了全国人民的抗日信心

东北义军在全国人民为后盾的声援下，坚守国土

不断壮大的东北抗日义军

《一·二八战事实录》

烟画名称：《一·二八战事实录》
出版单位：中国南洋兄弟烟草有限公司
美术设计：中国南洋兄弟烟草有限公司广告部
　　　　　《申报》摄影部资料室
出版时间：1932年3月
印刷规格：36x60mm
全套数量：35枚
编辑数量：24枚
附赠于该厂出品的"马占山将军"牌香烟

说明：

南洋兄弟烟草公司，是在 1905 年由广东商人简照南、简玉阶兄弟创办的。早期资本仅为 10 万港元。由于缺乏技术和经验，受到英美烟草公司竞争和打击，一度亏损停业。1909 年，他们在叔父简铭石的支持下复业，公司转亏为盈，业务不断发展。1916 年在上海设立卷烟厂，又在全国各地和南洋一带设立分支机构，生产销售日愈扩大，逐渐成为与英美烟草抗衡的民族资本大公司。英美烟草公司曾三次企图吞并未果。

南洋兄弟烟草公司的营销策略是以"爱国"为宗旨，深受国人支持。公司设有庞大的广告部，高薪聘请技艺高超的画师从事绘画设计和宣传工作。数十年间出品了许多精美的广告、招贴、月份牌和烟画，例如：金边《西游记》、黄边《红楼梦》、白边《三国志》，都是烟画中的上乘之作。在这一方面，其它中、小型烟厂是无法与之匹敌的。

1931 年，日本侵占了东北三省，次年，又在上海挑起了"淞沪战争"。在全民族愤怒的抗战声中，南洋兄弟烟草公司也开动了宣传机器，广告部身先士卒，绘制、发行了许多抗日宣传品。这套精美的《一·二八战事实录》烟画，便是其中之一。他们与《新闻报》、《申报》的战地记者密切联系，将在抗日前线拍摄的新闻图片反复精选，然后用药水处理后，使其变成棕色照片。再由技术人员使用德国透明染料，进行手工着色，使之变成彩色照片。定型后，再进行分色制版。这样，印出来的烟画层次鲜明、五彩缤纷，更生动地反映出抗敌战士们的英勇形象。这种工艺现在看来十分落后，可在 80 年前，还是印刷术的一项最先进的发明。

这套烟画共计 35 枚，是附于该厂出品的"马占山将军"牌香烟之内散发。1932 年 2 月上市，淞沪战事正处在胶着时期，对鼓舞人心起到极大作用。

十九路军战士开赴抗日战场

十九路军首长在战壕中指挥作战

前线战士用高射机枪御敌

八百壮士坚守之四行仓库

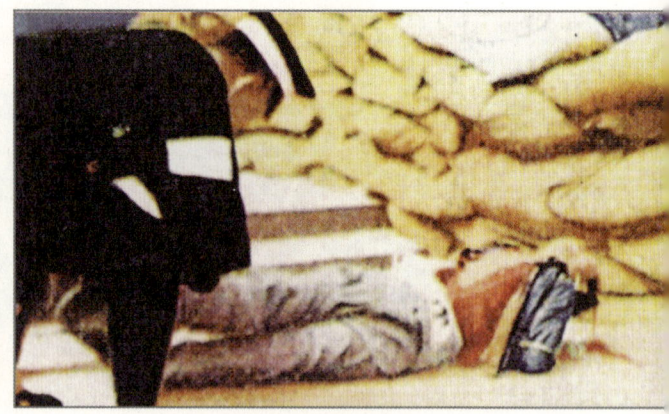

被日寇枪杀的无辜平民

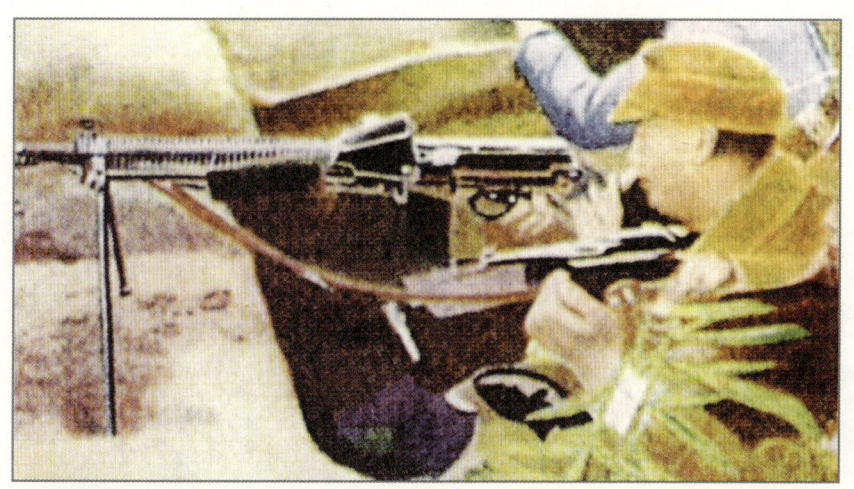

国军使用美制机关枪阻击日寇

士兵在射击日军飞机

国军技师在修整机关枪

用小钢炮轰击敌人

准备伏击日寇

与日寇展开巷战

十九路军指挥官亲临前线

十九路军紧急行军途中

十九路军士兵在战斗间隙休息

用高射机枪防御日寇飞机

与日军隔河对峙

日军炮火狂轰滥炸

日军军车横行上海街道

前沿指挥部的指挥官

十九路军士兵在接受作战任务

红十字女兵在练习射击

练习投掷手榴弹

学习使用高射机枪

十九路军士兵在演练

《十九路军血战图》

烟画名称：《十九路军血战图》
出版单位：中国华达烟草公司
美术设计：中国华达烟草公司
出版时间：1932年3月
印刷规格：34x60mm
全套数量：20枚
编辑数量：7枚
原附赠于该厂出品的"玉狮"牌香烟

说明：

　　中国华达烟草公司创建于1927年，厂址位于上海荆州路103号。该厂生产的"玉狮"、"中央"、"好运道"牌香烟，在上海很有名气。1932年，"淞沪战争"期间，为了声援抗战，声援十九路军，与其他抗日爱国烟厂一样，出版发行了一套抗日烟画——《十九路军血战图》。

　　十九路军的前身是粤军第一师第四团，1926年改为国民革命军第四军，北伐期间屡有战果，被誉为"铁军"。1930年，编为国民政府军十九路军，由蒋光鼐为总指挥，蔡廷锴为军长。"九·一八"事变后，十九路军调防上海，陈铭枢任京沪卫戍司令。"一·二八"日本侵略军突然向驻守闸北的第十九路军发起攻击，随后又进攻江湾和吴淞。十九路军在蔡廷锴和蒋光鼐的率领下奋起抵抗，与敌人浴血奋战。一时间众望所归，成为在全中国声名大噪的抗日军队。

　　这组烟画共为20枚，为水彩手绘作品，艺术地再现了十九路军的步兵、骑兵、炮兵冒着烽烟炮火、枪林弹雨与日寇决一死战的场面。因为发行量不多，能保存至今的实属凤毛麟角。

我骑兵驰骋沙场，奋勇杀敌

被击毙的日本兵

大刀向日寇砍去

与敌人进行肉搏战

十九路军士兵奔赴战场

用高射炮击落日本战机

时刻阻击敌机的进犯

《抗日救国》

烟画名称：《抗日救国》
出版单位：中国中和烟公司
美术设计：丁悚
出版时间：1932 年 4 月
印刷规格：44x66mm
全套数量：35 枚
编辑数量：20 枚
原附赠于该厂出品的"玉兔"牌香烟

说明：

中国中和烟公司创办于 1926 年，厂址设于上海塘山路 40 号。是一家中型的独资有限公司，全厂有职工约 200 人，生产有"中和"、"玉兔"、"华丽"、"如意"等品牌香烟。在激烈的商业竞争中，向以"烟丝好、价格廉"，占有一席之地。该厂平时很注重产品宣传，二三十年代，该厂出品的烟画内容繁杂，多为"古代人物"、"时尚美女"等，质量很好，流传亦多。

1932 年，淞沪战事爆发之际，上海烟草界掀起用广告宣传的形式来声援抗战的热潮，在福昌、南洋、和兴诸公司的带动下，中和烟草公司的业务股长向一位著名的广告画画家丁悚先生购买了本组画稿，起名为《抗日救国》。此组画片是以上海女界参与淞沪战事为主题，记述了当时的女学生、女青年、职业女性及家庭主妇们不甘落后，纷纷奔赴战场，与男儿一起并肩作战，充当后勤、医护，救治伤员等英雄事迹。画家本人擅长绘制时尚美女、时装模特，所以此组画片依然流露出唯美风格。尽管有此不足，但从题材来看，仍然不失为一组佳作。图片说明为原图所附。

原稿共计 50 张，中和烟公司只选用了其中的 35 张制版发行，附赠于"玉兔"牌香烟包内面世。只发行了很短的一个阶段，故而存世无多。

歼灭丑虏　还我山河

国难当头　不怕牺牲

誓死杀敌　马到成功

冲锋陷阵　勇往直前

冲锋陷阵　军人本色

宁为枪下鬼　不作亡国奴

马革裹尸 虽死犹荣

各尽所能 同赴国难

国难当头　岂分男女

总理遗训　航空救国

无畏神鹰　克敌制胜

宣传抗日　支援前方

为国从军　媲美木兰

身在医院　心在战场

抓紧疗伤　早返前线

为国守土　国民天职

机枪一响 拚死沙场

精密策划 以智克敌

战地巾帼　不让须眉

同仇敌忾　众志成城

《日军侵华实录》

烟画名称：《日军侵华实录》
出版单位：美国 Gum 公司
美术设计：George Moll
出版时间：1938 年
印刷规格：55x70mm
全套数量：288 枚
编辑数量：30 枚
原附赠于该厂出品的"GUM"牌口香糖

说明：

烟画是美国人的发明，这组画片是美国费城 GUM 糖果公司在 1938 年出品的，名叫《Horrors of War》(《恐怖的战争》)，共计 288 枚。内容反映上个世纪 30 年代，发生在西班牙、意大利、埃塞俄比亚和欧洲的战争。其中，还包括了许多反映日本侵略中国时的战争情况。

画家 George Moll 站在第三国不偏不倚的客观角度，用画笔记录了发生在中国的 "卢沟桥事变"、"日机轰炸天津"、"上海一·二八事件"、"日寇进攻武汉"、"南京大屠杀" 以及 "强暴妇女、虐杀儿童"、"施行三光政策" 等等罪行。同时，也描绘了我国军民英勇杀敌、不屈不挠的反抗精神。如："八百勇士死守四行"、"平型关歼灭敌酋"、"台儿庄大捷"、"徐州会战"，以及 "国共合作"、"游击队掀翻火车"、"红小鬼智侦敌情" 等等，事无巨细，均有披露。

出版这套画片的 J. W. Bowman 先生是一个和平主义者，他希望全世界的各个国家和人民都应该和睦相处。出版这组画片的宗旨是："为追求和平，为了让更多的美国人民了解战争是恐怖的。" 但是，他的良苦用心并不能阻止侵略者的脚步和野心。日本军国主义不仅野蛮地践踏中国和东南亚，最终还偷袭了珍珠港，从此激怒了美国民众。促使美国于 1941 年 12 月 8 日对日本宣战。

为了支持我的研究工作，美国收藏家 Dennis Owyang 先生赠送了我不少有关抗日内容的画卡，经过朱晓寒先生的精心翻译，择选部分作品编入此书。

战争中的受害者

　　战争是残酷的屠场和文明的毁灭者。日本对中国的不宣而战更是可怕，他们一片一片地捣毁无辜者的家庭，杀害手无寸铁的妇女和孩童。一座一座的城市被炸毁，平静的农场被轰炸，没有反抗力的村民被屠杀，或从家里的火炉边抓走。他们没有了住处，没有了食物，没有了希望。很多带着简单行囊的逃难者，带着失去亲人的悲伤，到处游荡，情绪低落。如果战争不能停止，他们会变成什么样子？中国会变成什么样子？世界会变成什么样子？再写真的图画也无法展现战争的恐怖和丑恶。图画也许可以画出破坏和大屠杀的场景，但它很难记录人的哀痛和悲伤。

全面抗战在卢沟桥打响

1937年7月7日深夜，卢沟桥日本驻军擅自在中国驻军阵地附近举行军演，并谎称有一名日本兵失踪，要求进入北平西南的宛平县城搜查。中国守军严词拒绝，日军立刻向卢沟桥一带开火。中国守军予以还击。

二十名中国学生赤膊向敌人发起冲锋

1937年7月20日,二十名中国爱国学生呼喊口号,向驻守在北平西南的日军阵地发起了冲锋。他们都赤膊上阵,以示必死的决心。这些不怕死的学生一边开着枪,一边向日军进攻。随后卢沟桥西面的中国守军也向日军开火。此时,日军又出动了飞机飞临战场,在天空用火炮攻击。这二十名爱国学生在向日军冲锋的过程中,一个个地倒下,最后全部牺牲。但是,他们的勇敢精神永远活在所有中国青年的心中。

日军在吴淞攻击火车

切断中国所有运送兵员和补给的运输是日本军官们的预定方案。因此,铁路是日军系统性轰炸的重要目标。1937年10月8日,一辆开往山东的快车被炸。残酷的日军战机从空中俯冲下来,把炸弹丢到火车上。五十多个平民,包括妇女和小孩被炸死、炸伤。日军不仅用飞机轰炸,还在行进的火车顶上设置机关枪。他们把一排排的子弹射向火车和铁路边的房屋。甚至开往孔子故乡曲阜的火车站也被炸毁了,许多无辜百姓丧命。

八百壮士死守四行仓库

1937年秋，中国军队从闸北撤退时，著名的八十八师中的一支部队守在苏州河畔的一幢仓库里，抵御日军的包围。日军进攻数天，发誓要拿下这支"孤军"。但是，面对中国人的抵抗都没有成功。日军从三面包围这个仓库，向这支孤立无援的据点持续进攻。这个营的指挥官在给他的长官写的绝笔信中写到："死，不是一个要紧的问题，我们的牺牲也不会徒然无益的"。

平型关大捷

1937年9月9日，一支4000人的日军部队在北平西面的山区遭遇中国军队致命的伏击，几被全歼。佯退的中国军队把日军引到迷宫般的山区深处。等在那里的中国军队已经筑好了坚不可摧的阵地，他们从山顶居高临下地打了下来，机枪对着日军狂扫。日军被迫向后撤5英里。中国的八路军115师与国民党军队协同作战，在平型关战斗中，日军第五师团司令部的情报参谋桥本顺正与四名随从一起被中国士兵打死。

日军登上南京城门

日军占领上海后,沿长江而上进攻当时的中国首都南京。中国军队知道日军的计划,沿途在战略要地设置了路障,并紧锁南京城门。日军轰炸机对南京城狂轰滥炸。1937年12月7日,侵略军的先锋部队在城门附近运动,然后,用云梯搭上了城墙,日本军队像中世纪武士一样翻过城门!同时火炮就位,实施攻击,给南京里的人们带来巨大灾难。

南京大屠杀

1937年12月13日,使人无法想象的恐怖在南京发生了。当城墙被日军攻破时,最恐怖的事件发生了。有些惊慌失措的中国士兵脱去军装,改换百姓的衣服来掩饰自己。结果,野蛮的日军不辨真伪,见人逃跑便开枪射击,找到躲在巷子里的人,就一概打死。就这样,被俘的士兵连同百姓,五十人一组绑了起来,一一就地处决,尸体遍布街道。一些日军还组成了抢劫小分队,在城中劫掠商店。

日本空军轰炸广州

1937年12月30日，30架日军战机轰炸广州市区的工厂、学校、住宅密集区。二十多栋房屋被炸毁，其中包括华美学校，一间商业大学和一间女子学校。两间被炸的学校是美国人建立和管理的。两辆公交车遭机枪扫射，数名平民乘客受伤，其中一辆公交车失控，冲出马路，撞了一群惊慌失措的学生。一些炸弹炸中了中山纪念堂，兵工厂和政府工业区。1938年1月1日，日军战机再次轰炸这一地区，在民众和政府官员中造成极大混乱。

中国的防空警报

中国各地的城市都处在空袭的危险下，因此挖掘了成百上千个防空洞，用来保护市民。许多古钟从庙宇里搬出来，挂在街上。日本轰炸机来的时候，警察就敲钟示警。防空洞有各式各样，不计其数挖在马路下，轰炸机飞临时，可马上使用。

美国飞行员帮助中国空战被击落

第一位在抗日战争中被击落的美国飞行员是德州高夫斯镇（Galveston）的 Frederick Kreusberg。他服役于中国空军，在 1938 年 1 月的一次保卫汉口的空战中阵亡。年轻的 Kreusberg 向来以大胆的飞行闻名。当他报名参加刚成立的中国空军时，他的朋友们并不觉得惊奇。在他的最后一次空战中，他勇敢地冲进密集的日军机群，毫不在意日机的数量。他的飞机被机枪子弹打得千疮百孔，在汉口北面 15 英里处坠毁。他于 1938 年 1 月 7 日被葬在汉口国际公墓。

日本飞机轰炸黄河大桥

1938 年 2 月上旬，日本空军前锋部队轰炸了著名的黄河大桥，阻碍中国军队撤退。黄河大桥是中国最长的钢铁大桥，但是由于道路断绝，日军工程部队也只能靠搭建浮桥来运送物资和部队。2 月 14 日黄河大桥被炸时，正在河中捕鱼的渔民成了无辜的牺牲者。他们那些小舢板被飞来的钢筋铁条打得粉碎，渔民的尸体被抛到结冰的河水当中。

中国的女学生参加战斗服务队

1938年2月,超过两万名15岁以上的在校女生,参加了中国军队的志愿者队伍。这些女孩子接受和男孩子一样的严格训练,身穿常规制服并使用各式武器。图片所绘的是她们在河南省集训营接受训练。在军官严格的监督下,学习如何用正确的方法抬送伤员,如何从战场上搜索阵亡士兵。这些女学生在结束训练后,主要任务是帮助疏散难民、救治伤员和其它类似的特别任务。每个月都有成队的年轻女子毕业,投入战地服务,并发给她们头盔和防毒面具。

中国的假战机成为日军的诱饵

"要是能用假飞机吸引日军轰炸机的炸弹,为什么要浪费真飞机哪?"这句话成为中国军队在抗击日本侵略战争中的一种思路。1938初,一位在南昌的美国飞机技师说:"他们让中国的木匠们在空军基地制作了许多木头飞机。在黄昏的时候,中国军人把假飞机摆在看上去好像停机坪的场地上。第二天,日本飞机飞过来,就把它们炸飞了。这样,就让日本人浪费一大堆炸弹!"中国木匠们还生产仿真的坦克,经过小心的伪装,同样可以用来浪费日军的弹药。日本曾经对这种用假装备诱敌的作法,提出强烈的抗议。

中国军队炸堤放洪水淹日军

1938年6月9日，中国军队炸开黄河大堤，期望用洪水阻止日军向黄河以南推进。当时，恰有九百多名日军和20辆坦克在河南郑州以西25英里处渡河。滔天的洪水淹没了广大农村的土地，但也有效地阻挡了日军。正在渡河的日军很多官兵被淹死，不少坦克被冲翻。使这支侵略军的几百名士兵陷于危险境地。此时，数以千计的中国军队趁日军惊恐之际，将他们逼回黄河对岸。

香港修建新工事

1938年1月，香港当局担心日军向香港延伸，于是，加强工事的修建。工程浩大，以至于和新加坡一起成为"东方的直布罗陀"。海军、工程部队、技术人员和工人们，全天24小时工作，完成这个投资4千万元的海港、陆地和空中防卫工事。安装了数百个探照灯，用来搜索空中来袭者。空袭和断电的演习十分频繁，用以训练居民在遭到空袭时如何保护自己。疏忽大意没有熄灯的居民，将被罚款1千元。图片展示的是防空阵地的一段，俯瞰着香港的码头。

日军轰炸徐州的铁路

1938年1月24日，一队日军重型轰炸机轰炸了中国军队的徐州防线。该防线是蒋介石在东西陇海铁路干线设置的重要阵地。因为它的战略位置十分重要，而成为日军重点攻击的目标。在轰炸中，中国的火车站、车厢和附近驻军的阵地都被摧毁。图片展示了一节车厢被刚丢下来的炸弹炸开，里面的食物散在地上，很多人当场丧命。远处为驱魔而修建的宝塔，虽然躲过了这次轰炸，却没能保住这座城市。同时，日军部队更猛烈地向徐州推进。

中国的骑兵冲击日军驻地

1938年1月25日，中国军队的指挥官报告，他们在阻止日军将中国中部和北部沦陷区连成一片的战斗中，取得了进展，中国军队已推进到山东济宁。济宁在一星期前沦陷。中国骑兵实施战略行动包围了日军守军，切断了他们之间的联系。骑术高超的中国骑兵冲进日军营地，四处射击，给日军造成很大伤亡。

手持红缨枪的农民进攻日军

1938年3月,日军要进攻陇海线侧翼的共产党游击队根据地。但是,当他们推进到陇海走廊时,遭到了游击队的阻扰。这些游击队武装,包括没有受过训练的农民,甚至土匪的队伍,他们手中只有棒槌和红缨枪,也缺乏军事训练。但是他们十分勇敢,不怕牺牲。由于他们顽强的抵抗,日军一直未能突破位于徐州以南约60英里的固镇。日军不得不调动新的部队,以加强南向的攻势。

中国大学逃离战火

中国文化和高等教育机构因战火被转移到相对安全的内地。超过7所大专院校因战火停课。很多大学合并师资和设备,转移到一些内地城市重新开课。1938年3月18日,两位美国教授领着1500名学生进入伤寒和土匪遍布的嵊泗(音译)山区,寻找一片远离战火的净土,重开西安大学。这队人由一位柏林奥运会体操队队员和南达科他州的Jack Caton带领,由宝鸡步行出发。队伍中有清华、北大等三所北平大学的200名女生。他们要去的目的地是四川边境的汉中。

日军骑兵被中国军队击退

1938年3月21日,日军一队骑兵试图通过大运河,到达徐州以北18英里的运河南岸。他们在火炮部队的掩护下骑马过河。但是,尽管日军的炮火异常猛烈,坚守沿岸的中国军队,用机枪和步枪毫不留情地把日军骑兵赶了回去。这是一场十分血腥的战斗,许多战马和骑兵被击毙。还有不少骑兵被激流冲到下游淹死。在一段时间内,日军一直试图推进到徐州。但只有山东南面的韩庄,落入日军手中。

日军在城墙下被歼灭

1938年3月底,伟大的中国军队在中部的艰苦战斗中逼退日军。在临沂外2英里的一场战斗中,日军在中国军队的打击下,后退到30英里外的一个基地里。当他们到了古城台儿庄的时候,300名日军在城墙下挖了一个地道直达城门。但是不多久,这个地道就被城里的中国军队发现了,经过两个小时的肉搏战,他们就把从地道钻过来的日军全部消灭。使日军的反击无功而返,日军在这一地区的攻势也就停滞不前了。结果是中国军队向北快速推进,日军只得步步退缩。

配备两栖坦克的中国机动部队

尽管 1938 年 4 月上旬，中、日两军都声称控制了台儿庄，但国际军事专家更相信中国的报导。4 月 4 日中国在夺回台儿庄时表示，战斗的胜利证明他们的机械化部队是卓有成效的，而且优于"老式"的日军坦克。图片展示了中国两栖坦克在大运河下水。这些会游泳的坦克，能在水中和陆地上开动，并且伪装极佳，使日方很难从空中发现。与坦克配合战斗的还有一队队的摩托部队，配有手枪、头盔、护目镜和挡风玻璃，特别现代化。

中国空军炸毁浮桥困住日军

1938 年 2 月，中国军队稳健地沿着陇海铁路向南推进，直到距彭浦数英里的地方，给日军造成很大伤亡。2 月 18 日，一些由外国志愿者驾驶的中国飞机飞临彭浦，炸毁了日军架在河上的浮桥，困住了数百名日军。新式的战机向逃跑的日军部队俯冲扫射，炸弹炸飞了桥板，炸死了士兵。猛烈的轰炸中，一万名正在渡淮河的日军部队中，有 3000 名士兵被击毙，其余的仓皇撤退。

日本恐怖分子用"砍下来的人手"警告报社

日军占领上海时期，日本士兵经常受到中国反抗者的攻击，而中国人的报社始终处于日本恐怖分子的威胁之下。1938年3月1日，有一个送信的人，拿着一个大包裹来到大美晚报（美国人办的上海晚报的中文版）的办公室。他把包裹扔在编辑的桌上转身就跑。人们打开包裹一看，里边装的都是被斩下的人手，还有一张警告抗日分子的字条。

中国游击队捣毁运输列车

1938年2月的最后一个星期，日军沿天津—浦口铁路一线的铁路，遭到中国游击队的破坏，并且丢失了整整一火车的军需供给。是中国游击队的儿童团事先发现了这辆由日军护送的运输火车，就马上把消息传送给藏在山里的游击队。游击队员便用镐钎撬开了铁轨，并在被破坏的铁轨下堆了一堆烂木头。当那列火车开到的时候，就脱轨翻覆了。对日军而言，这次破坏造成了巨大的损失和伤亡。而中国的军队由此获得了丰厚的战利品。

中国的地下特工在南京被日寇处死

尽管古都南京在 1937 年 12 月落入日军的控制，在中国军队于北方取得胜利的鼓励下，南京和其他许多日军控制城市中的中国地下特工恢复了战斗，时时伏击日本占领军。清晨，是这些中国特工活跃的时候，他们随时扔一颗手榴弹，或是打一冷枪后，便迅速逃离现场。但是，一旦被日军发现，他们会被按在地上，搜出武器。然后带到附近的墙边排成一队，由日军枪决队就地枪决。他们有坚强的信念，坦然地面对敌人的枪决，无怨无悔。

大刀和刺刀在血腥的战斗中对决

1938 年 4 月，徐州危急，一场血腥的肉搏战在台儿庄展开。台儿庄的战斗是整个会战中最典型的一幕。双方的战线多处被冲断，中国军队和日军部队相互搅在一起。约有 1 万人的中国军队使用传统的大刀片，与相当数量用刺刀的日军展开了肉搏战。双方死伤异常惨重。

"红小鬼"探听日军情报

侦察,在抗日战争中发挥了作用。在中国八路军中,大凡年龄小的战士都叫"小鬼"。有一个年仅十八岁的小男孩,由于他大胆和出色地完成侦察任务,被提拔到八路军冀鲁边军区司令部参谋长陆成道将军身边做参谋。这张图描绘了这个"红小鬼"在进行一次侦察任务。那是1938年冬天,这个"红小鬼"潜至南京西郊,蹲在破墙的背后,观察日军军官在地图上部署下一场战斗。他的身体某个部位要是动一下,肯定就被发现。但是"小鬼"凭着高超的隐藏本领,完成了任务,潜回了自己的驻地。

乔装的游击队猎捕日军

1938年2月,中国抵抗力量对日军展开了一种新的致命的战术。一些经过特别训练的游击队,在日军后方展开了大规模行动,他们中的一些成员装扮成普通的农妇或小贩,他们配备有手枪、刀和步枪,有时还有轻机枪。一个被俘的日本兵报告说:他在一个山东的小镇子里,看到过有3000人之多的游击队。他说这些部队的指挥员都很年轻,学生模样。一支有2万人的游击队在青岛、济南一带袭扰日军,杀死了许多日本兵。

《流民图》

烟画名称：《流民图》
出版单位：中国天华烟厂
美术设计：中国天华烟厂
出版时间：1942 年
印刷规格：48x52mm
全套数量：12 枚
编辑数量：11 枚
原附赠于该厂出品的"金盾"牌香烟

说明：

"卢沟桥事变"爆发之后，日本侵略者践踏了中国的半壁河山，他们屠杀平民百姓、蹂躏妇女儿童，使中国人民处于水深火热之中。此时，天灾人祸一起涌来，东北的流亡大军在各大城镇无依无靠、流离失所；北方，河南大旱、蝗灾肆虐、颗粒无收，饥民流窜、无以为家；南方，江淮洪水泛滥、冲毁了村舍农田，田成池沼；加之日寇的狂轰滥炸，三光政策，迫使老百姓扶老携幼，背井离乡、四处逃散。纷纷涌入城市，一时间，哭声载道，饿殍遍野。

1942年的上海，与全国各大城市一样，大街小巷挤满了流民。国民政府和民间社团、机关、学校、工厂、商店处处施粥放赈，成立"难民收容所"、"流民救济站"，全力救济难民。尽管如此，卧地的老者，气息奄奄的农民，抱着死去儿女的母亲，饥饿的乞儿，受伤的士兵，被遗弃的婴儿，依然比比皆是。

处在上海塘山路67弄25号的天华烟厂，门前也支起了大锅，施粥救人。烟厂广告部的负责人对着这一幕幕的凄惨景象深受触动，请来画家，将那些不忍卒睹的事情一一画下来，印成了烟画，附在厂内"金盾"香烟内广为散发。以感动人心，救助流民。

这组作品共计十二枚，所憾笔者只收藏有十一枚，悉数编入此章。以前的烟画大多以古人、美女、风花雪月为题材，用"美"的东西吸引顾客、推销产品。像这样以悲惨的现实生活为题材的作品，实属凤毛麟角。为此，更显得弥足珍贵。

无数农民流离失所

难民饥寒交迫,流落街头

难民将无力哺养的婴儿丢弃在垃圾箱旁,洒泪而去

难民们扶老携幼走上逃荒之路

逃荒路上忍受风雨的折磨

难民们艰难地投奔他乡

原本富裕的鱼米之乡，成了泽国一片

难民们被迫跋山涉水

思乡之情涌上心头

老弱难民疲惫不堪地艰难行走

妇女抱着饥饿无食的孩子露宿街头

《抗战八年胜利画史》

烟画名称：《抗战八年胜利画史》
出版单位：上海裕华烟草股份有限公司
美术设计：上海裕华烟草股份有限公司广告部
出版时间：1946 年 8 月
印刷规格：52x68mm
全套数量：80 枚
编辑数量：36 枚
原附赠于该厂出品的"红士"牌、"友啤"牌香烟

说明：

上海裕华烟草股份有限公司成立较晚，1943年正式运作投产，厂址设在上海方斜路114号。主要产品有"大高乐"、"红高乐"、"红士"、"三角"、"友啤"、"金翡翠"等品牌香烟。

1945年8月15日，日本无条件投降。八年之久的抗日战争胜利结束。9月9日，冈村宁次向何应钦递交投降书。消息传来，举国欢庆，工、农、商、学、兵，各以不同的形式来纪念这一伟大胜利。裕华烟草公司尽其所长，精心设计出版了这套《抗战八年胜利画史》烟画。他们在宣传广告中说："中国人不能不知！抗战八年大事。大国民不能不看！抗战胜利画史！抗战胜利乃中国历史上最光荣之一页。人民从此获得真正之自由解放。国家民族亦可转弱为强，走上建设新生之途。"

全套作品共计120张，原计划分期分批推出，但实际只发行了80张，便因国内战争爆发被迫停止。此组画片设计工整，依年代顺序，将抗战时期所发生的重大事件，图文并茂地一一描述出来，称得上是一部抗战历史的"小百科"，有着独特的史料价值。但在1951年，《人民日报》以答读者问的形式，将此套烟画定为"反动画片"。裕华烟草公司马上在报上刊登了检讨，并将原版销毁。随后无数的政治运动，使这套流传于民间的烟画，大多荡然无存，至今难觅全貌。此章选择其中的36枚作品，供读者赏析。图片的说明文字系原烟画背面所印的说明。

卢沟桥畔

卢沟桥在北平西南约二十公里，属宛平县，扼平汉路交通要道。其东丰台镇，为平汉、北宁两路接轨处。民国25年后，日方屡向华北增兵，在丰台建兵营、筑机场，且常在卢地实弹演习、野战露营。当地民众已司空见惯，敢怒不敢言。我驻军因其地处重要，情势特殊，深觉自己责任的艰巨。对此野心勃勃的日军莫不小心翼翼、枕戈待旦，时在严密戒备中。

庐山训话

卢沟桥事变爆发后十天，蒋介石在江西庐山召集全国将领开紧急会议，发表训话。声明我国最低限度的立场：倘不能以和平外交方法，求得卢沟桥事件的合理解决，则唯有起而应战。并昭示："如果临到最后关头，只有拼全民族的生命，以求国家的生存。唯有牺牲到底，方能搏得最后胜利"。

佟、赵殉国

日军无理寻衅的骄奢横暴,已为举世所共知。华北战事日趋扩大,故都北平亦遭敌军猛攻,前方战士无不浴血奋战,副军长佟麟阁、师长赵登禹,率师阻敌于南苑团河。在敌军猛烈炮火下,身先士卒,亲自督战。冒万死而不辞,予敌军以最大打击。不幸于7月28日,同时壮烈阵亡。噩耗传来,谁不为之扼腕?谁不为之肃然起敬!

吴淞海战

吴淞要塞在历次对外战争中,都曾发挥过无尚威力,它是上海北部的屏障,长江、黄浦江交流入海处,形势险要,兵家必争。我国在抗战前即筑有坚固之炮台,使敌人不敢越雷池一步。"八一三"沪战爆发后,日军配合战舰飞机,向炮台密集猛攻,企图登陆。我驻军奋勇迎击,大炮怒吼,加以空军壮士的协力作战,将顽敌击退。

大刀杀敌

在现代战争中,新武器的发明层出不穷。胜负的决定不在双方兵力的多少,而全凭科学竞赛的结果。但这并不是说人力已一无所用。相反的在短兵相接的场合,为求得杀敌致果起见,仍不能不取决于人力。在这次抗战中,我方的大刀队活跃在各处前线,出入敌阵,屡建奇功。刀锋所至,无不披靡。敌人望风而逃,就是一个铁证。谁说精神不能胜过物质的呢?

台庄大捷

台儿庄是鲁南的一个小镇,从民国27年3月23日到4月7日,差不多有半个月的血战,经过几十次的肉搏和混战,几万几千颗炮弹的爆裂,无数坦克车的纵横冲锋,以往的繁荣被摧毁尽了。敌坂垣、矶谷各师团伤亡的伤亡,投降的投降,终被打得大败特败,无敌的英名也就完了。这是我们抗战以来值得纪念的大胜利。

筑矮子墓

"可怜无定河边骨,犹是春闺梦里人",这两句唐诗大可作为日军在台儿庄的写照。他们离乡背井,抛妻别子,老远地赶到中国,所得着的只是一个"死"字。在台儿庄东门附近,日军留下火葬阵亡将士的木牌,就有四十余处。其它各地,敌人成堆骨灰及遗弃的尸体也累累无数。我方军队都代为掩埋,而名之曰:"矮子墓"。这一画面,如果给现在的日本阵亡将士的家属看了,不知将生何感。

鄱阳大捷

鄱阳湖在江西北部,是我国有名的淡水湖之一,四周山林绵亘,多而且高。湖面南大北小,颇似葫芦,中有狭长湖嘴,为水陆交通之要道。民国27年8月,日军攻克九江后,沿南浔路直达南昌,以小型舰数艘分向鄱阳湖靠近。我薛岳将军,因地制宜,按照预定计划诱敌入围,予以围歼。结果敌寇纷纷落水,生擒活杀,丧折数千。在敌人方面,称为鄱阳湖的烦恼,实即国军鄱阳湖的大捷。

神鹰远征

日本空军以残害我无辜民众为任务。炸非军事目标，扫射老弱的妇孺。其违反国际公法，早已有目共睹。但我国空军并不做同样之报复。民国27年5月，我神鹰一队跨海东征，首次出现在日本上空，既不作军事上的破坏，更不忍与日本人民为敌，只在九州、大阪、佐世保等地，散发传单十万份，促使日本人民内心的反省，幡悟侵略主义之是非。我机于完成使命后，安然飞还原防。

机械部队

从日本军事家的眼光看来，中国军队始终是不堪一击的。但事实毕竟胜于雄辩，中国军队非但没有给敌人打得削弱，而且日益坚强起来，成为日军最大的劲敌。最新式的重炮锐利无比，头戴钢盔，英姿飒飒的装甲部队，都经过积极的组织，在聆听长官训话后，载乘高速度的坦克车和吉普卡车，相继开赴前线应战。他们有着铁一般的意志，每次出征，总以必死的决心，争取了胜利回来。

武汉空战

武汉三镇自政府西迁后,便形成陪都的前哨。日军觊觎心切,除进行武汉外围战外,更屡次派出飞机加紧破坏施虐。我方空军在众寡悬殊的劣势下,仍严阵以待,翱翔领空,不许敌机通过。民国27年5月27日,敌机数十架大举来袭。与我机发生猛烈空战,铁鸟相搏,声震全市。我机以一当十,奋勇追击。敌机尾部冒火堕地者,所在多是。残余敌机亦溃不成队,顿失联络,纷纷向东逃遁。

以弱胜强

以弱胜强,这是一位外国记者在日军阵线上观战所得的记载。日本士兵躲在坚固的工事后面,向国军阵地用机关枪射击。国军亦开机关枪还击。日军即出动轻坦克,小乌龟似的蹒跚前进,掩护着日本士兵更似蚂蚁似的爬着。国军以机关枪抵抗。等到坦克迫近时,就一齐跳出战壕,纷纷掷以手榴弹。在爆裂声中,为首的几辆早已爬不动。尚有几辆都挣扎着和他们的步兵向后跑了。

岳阳炮战

湖南岳阳县城西牒楼，俯瞰洞庭，水光浩渺。远望君山，苍翠如盖。北控荆楚，南绾三湘。江左名胜，亦军事要冲也。民国27年初冬，敌军循粤汉路南进。抵于楼下，改乘炮艇，沿湖攻击。我城楼炮兵阵地随即采取猛烈之逆袭。炮轰湖面敌艇，轰轰之声响彻云霄。敌虽数度向我凶扑，终赖我全体将士之用命，沉着应战，得无差失。中以八十公尺之短距离射击，居高临下，毙敌无数，为尤快人心。

焦土抗敌

人民抗战的意识，表现为坚决的行动时，它的力量是不可轻视的。焦土政策就在人民协助下，使敌人感受到极度头痛。华北黄村在风闻敌军来犯时，村民奔走呼告，共商击敌之方。认为与其苟且瓦全，不如先击玉碎，爽快地把全村的房屋毁灭了；给敌人一个得不偿失。于是，大家拿起豆油灯，忍痛把自己的家园放火烧了，决心到后方打游击去。敌军遥望火光冲天，疑是我方伏兵，吓得不敢前进。

陪都夜袭

重庆自国民政府西迁驻节以来,一向被人看作抗战的司令部。"陪都"一辞,尤其是喧腾众口。日人对之,不胜妒恨。不断派遣飞机前往轰炸骚扰。这种盲目的举动,非但摧残不了我们民族的生命,陡然加深市民对敌人的痛恨。民国28年5月3日,日机夜袭陪都,大火从午后五时烧到晚十时。真是重庆历史上空前浩劫。我方高射炮弹如珠发,彻夜照耀,象征了陪都复兴的曙光。

慰问伤兵

蒋夫人宋美龄女士在抗日战争期间,不辞劳瘁,奔走国事,折冲外交,著誉国际。的确是近时世界舞台上的杰出女性。她并不因身份的高贵而骄傲。在武汉防卫战的时候,她组织一个妇女干训部,出入战地,抢救伤兵。自己复不时到医院访问,垂询疾痛,抚慰有加。对受伤军人家属的生活,尤其关怀备至。时常代为呼吁,竭力救济,使卧病在床的健儿们,感受到无限的安慰,祈望痊愈后,重上战场杀敌。

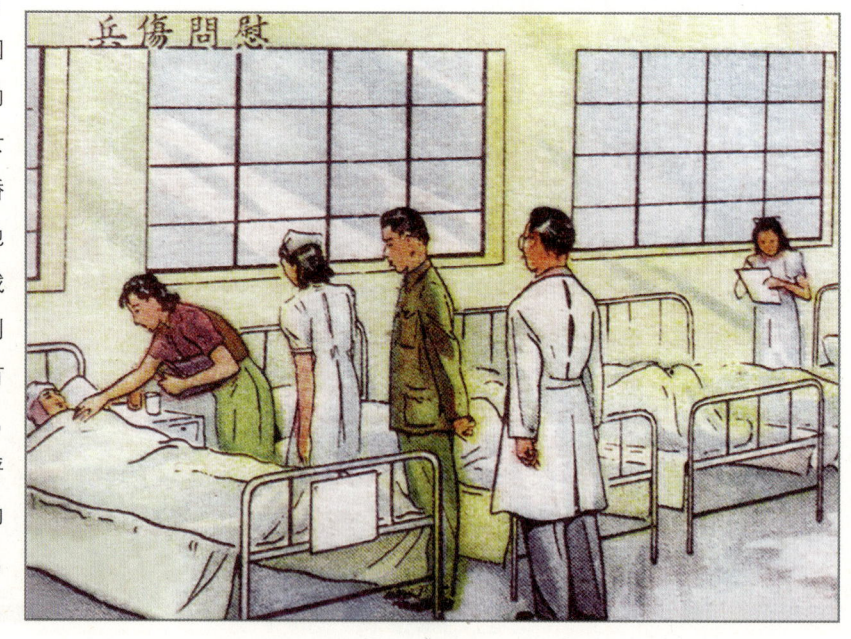

生产军火

军火生产在战争中所占重要性,是毋庸多说的。我国抗战所需的主要军火,大多由美国依据中美抵抗互助协定及租借法案,源源供应。民国32年起,战时生产局在纳尔逊指挥下成立,若干简单军器,我国也渐能自行制造。大规模的兵工厂在后方崇山峻岭间建筑起来。万千个辛勤的工人日以继夜地埋头苦干。为了加速击败暴虐的日军,他们的流汗和前方将士的流血,有着相同的功绩。

包围信阳

信阳是豫鄂两省的门户,平汉路郑州南下的第一大站。汉水奔流其西,东有信罗公路,直达罗山。南临武胜关之险,敌我争持,数为中原争战之区。民国27年秋,日军围以钳形攻势,南北夹击武汉。信阳遂遭荼毒。嗣后我军乘其立足未稳,自四郊集中加以包围,日军猝不及防,惶恐莫名,被围数日,给养断绝。不得不乞灵于空运,以事接济。但粥少僧多,反而引起他们的争抢,弄得死亡载道。

鄂中会战

自民国 29 年 5 月宜昌失陷后，国军仍雄踞襄河东西两岸。配合东南各方游击队，对突入宜昌之敌，时予痛击。敌为解除此种痛苦，乃于民国 29 年 11 月下旬，对我发动攻势，国军一面以机动队打击敌人，一面以主力向远安宜城迤南布防，以备敌军窜入。并以有力部队向武安堰转移，以对敌之外翼。27 日合围势成，我军开始反攻。连克重要据点，至 30 日，各路敌军俱被击退。

英雄殉国

张自忠将军为西北名将。战前任天津市长，被误为亲日派。七七事变后南下抗日，身先士卒，迭挫强敌。民国 29 年，日寇进犯枣阳、随县一带。我军浴血苦斗，战况惨烈。敌骑过处，赤地千里。张将军见危受命，亲上前线指挥，不幸于 5 月 16 日，枣河一役，竟以身殉职，碧水长流，忠魂永继。当灵柩运至陪都，蒋介石亲往迎榇，进祀忠烈祠堂，万人瞻仰凭吊，莫不赞叹其捐躯为国，备极敬仰。

克娘子关

民国 29 年 8 月 21 日,是国军克复娘子关的一天。国军七战日寇,经过激烈战斗攻克要塞娘子关。军容威武,荡然入关,对于抗战时期,增强信心士气起了极大的作用。娘子关的捷报重创了日寇。(编者注:1940 年 8 月 21 日,国民革命军第十八集团军即八路军在百团大战中,晋察冀军区派 10 个团兵力攻入娘子关。聂荣臻司令员还于战火中救出两名日本小女孩。)

克复南宁

南宁一名邕宁,广西省会。坐镇边境,地势紧要。自日军在华南登陆,夺广州沿西江内侵,直入桂省。南宁遂告沦陷。我广西素以民军著称,民即是军,军即是民。战前在李宗仁、白崇禧二将军整训之下,早已成为全国军区之模范。故日寇虽能逞凶一时,究属孤军深入,国军忍辱负重,同仇敌忾,誓与敌周旋到底。终于民国 29 年 10 月 28 日克复南宁,诚大快人心之举也。

长沙大捷

长沙大捷是给予日寇的一个极大的歼灭战。使它在中国战场上一蹶不能振。使它认识我军雄厚的潜力所在，始终是它的致命伤。就我方而言，长沙大捷是一个珍贵的收获。三次会战，三次告捷，树立了后期总反攻的基础。计自民国28年秋至民国31年春，长沙之得而复失，失而复得，几易其手，相峙血战，形成拉锯之势，我薛岳将军指挥若定，战略制胜，每把敌军陷入重围，实为制胜的要素。

日放毒气

日本本土于民国31年4月18日，遭我盟国空军轰炸后，敌寇为免除再度被炸的威胁，以我浙东空军基地为目标，开始进攻。妄想打通浙赣路，加紧对我封锁，切断沿海交通。我方当即作周密部署，虽汤溪、龙游等地先后被占，金华、兰溪方面守军仍忠勇逾常，猛烈挫敌。日军竟于5月28日大放毒气，强行进攻。我为保存实力，向敌侧及敌后转移，两地遂同告失陷。

攻野人山

我国远征军和盟军开始反攻缅甸,由野人山作为出发点。野人山异常荒莽,可说是一个原始的地方。森林密布,人迹罕至,只有毒蛇、猛兽和蚂蟥到处出没。山上悬崖峭壁,如值雨季,泥深没膝,寸步难行。进军其间,艰危可想。民国32年4月,我孙立人将军所部和敌人发生前哨战,简直和捉迷藏一样。偌大的树林里与平地作战完全不同,但我军终于杀得残敌片甲不留,完成森林战的杰作。

到天空去

抗战胜利,我空军的战绩无疑地占着光荣的一页。空军在战斗中长大,八年来在质与量方面都有着飞跃的进步。由于美国空军的帮助,一切最新的技术和设备,源源不断地灌输到中国来,建立了不少训练的基地。为了多灾多难的祖国,大批有为的青年怀着到天空去的壮志,纷纷应召入伍。有的更千里迢迢的远赴美国接受严格的科学训练。他们精神饱满,态度活泼,和祖国一样有着远大的前途。

反攻缅甸

民国32年8月,东南亚盟军总部成立。由英国蒙特巴顿勋爵担任总司令之职,并决定反攻缅甸。10月间,中、美、英三国又在重庆举行军事会议,利用斥堠活动,正式开始反攻。中国远征军经过18个月的刻苦训练,重趋活跃充当起联军反攻缅甸的急先锋。浩浩荡荡直向敌人杀去。日寇迫于战局严重,挺而走险,竟向印度边境伊姆法尔侵扰。豕突的结果,仍旧免不了被英印军逐出来。

荆江激战

敌自鄂中会战失利,时怀报复之心。民国32年5月,敌军恢复活跃,从汉口、当阳调飞机百余架,似有南下常德,西卷石牌之势。我军早做周密之整备。最高统帅并手令荆江防守部队,明示石牌要塞乃我国之"斯大林格勒",务必乘此良机聚歼倭寇。故当敌陷入我火网时,已一无生还。至31日正午,敌军全线崩溃,沿江逃窜。一路伤兵、骡马、辎重、弹药随地遗弃,且有葬身鱼腹者,亦云惨矣。

中美合作

盟邦对于我军之英勇战绩一向推崇，因此积极进行协助我国国军工作。除以现代最新式武器补给我国外，并派遣军事教官及技术人员来华，担任训练中国远征军。即为中美合作训练成为推进现代化之缘。此图为该军炮兵于国军出国远征前，在云南某地培训之情况。举凡长程距离的轰击角度的瞄准，地位的移动和运用，都属每一学员必修之课程。

检阅印军

民国 31 年初，蒋介石应英国首相丘吉尔之请，专机飞往印度，会同印度人民领袖尼赫鲁，协商英印间各项悬案。并曾检阅印度各式军队，包括剽悍的廓尔喀军，驻守开柏山道的印度黑兵、印度马德拉斯地方的神速工兵、喜马拉雅山麓的猫眼战士、勇敢的骆驼军及经英国空军部初级考试的印度空军。最后还会见了印度的圣雄甘地。

开罗会议

民国32年11月22日起,蒋介石与美国总统罗斯福、英国首相丘吉尔,在埃及京城会晤,讨论远东战局及对日作战目标。前后历六日之久。参加会议者,尚有蒋夫人宋美龄,东南亚州司令蒙特巴顿将军及其它将领三四十人。会后发表划时代的"开罗宣言"。决定对日作战计划。制止及惩罚其侵略,保证中国收回东北、台湾与琉球群岛。朝鲜则实行独立。

中印输油

汽油在近代作战军事运输上的重要,犹血液之于人体。抗战内移,海口封锁,我国汽油接济时有匮乏之虞。乃与美国合作,修筑世界最长的油管。从印度直达云南。以后所需汽油,源源自此管输入,飞越喜马拉亚山冰冻地区,经过拔海九千呎高峰的美国巨型运输机,卸下大批输油管,在中美工程师和专家的计划、中美陆军工程队和中印工人的努力下,完成了这个艰巨的工程。

飞渡怒江

滇西，我军位处崇山峻岭的大后方，生活艰苦卓绝。民国33年初，为响应海外作战，运用高度技术，以绳索飞渡怒江，出击缅境日军。怒江是滇省横断山脉间的自北南流的大河，南岸高山夹峙，水流湍急，更兼瘴气怕人，虎啸狮吼，就是当地的土人也一向视为畏途。这次我军的神奇飞渡，引起他们极大的敬佩。一致赞誉我国军人勇猛大胆的作风。

中原大战

为了侵我中原，日寇频繁地花样翻新。民国33年4月，调关东军入关，真如会师，打通平汉路，以迂回策略掠取郑州，逼近虎掌关。我虎掌关守军仅四百人，力敌千人，杀敌六百。最后仅余三人苦战死守，待援于荥西古镇。日寇直指洛城，以便车马通行，考虑向洛阳以南三十里的龙门关进犯。该月5日起，我军在龙门关喋血七日，转而为洛阳俯冲战，我固守核心达十五日之久。25日前突围而出。

固守潼关

潼关当黄河之曲，据淆函之险，扼晋、陕、豫三省之要冲，山势险峻，谷道壁立，关城高踞，俯瞰黄河，一线羊肠，盘旋而上，前人所谓："一夫当关，万夫莫敌"者也。民国33年，日军自豫西进陷郑州，下洛阳，然终止于函谷。潼关可望而不可即。以黄河自潼关而上，水道自北南流，成为天然的屏障。故作战开始，迄于胜利，敌未能越潼关一步者。地利之关系，当未可忽视。然我军民之协力同心，保此天堑，功亦莫泯。

间谍奇谋

美国间谍组织的战略局，在中国活动的人虽不多，却有不少光荣的成就。民国33年7月，战略局派了一个上等兵到长沙从事间谍工作。发现日军一万余人正在益阳向某河移动，进攻洞庭湖产米区。他使出精致小巧的无线电通上电流，拍电报给陈纳德的十四航空队。不久，美机已在天上怒吼。这是从桂林起飞的飞机。他们发现了敌人，立即加以猛炸。日军死伤累累，几乎全军覆没。

《抗战胜利纪念》

烟画名称：《抗战胜利纪念》
出版单位：上海汇众烟草公司
美术设计：上海汇众烟草公司广告部
出版时间：1946 年 8 月
印刷规格：52x68mm
全套数量：120 枚
编辑数量：75 枚
原附赠于该厂出品的"纪念"牌香烟

说明：

　　1945年8月15日，日本投降，艰苦卓绝的八年抗战赢得了最终的胜利，全国人民欢欣鼓舞，欢庆这一伟大的日子。各大香烟公司争先恐后地推出新产品，发行新烟画以志纪念。此间，以中国裕华烟草公司推出的大套烟画《抗战八年胜利画史》宣传最力、影响最大。出于竞争心理，上海汇众烟草公司广告部也组织画家，争分夺秒地绘制了一套名为《抗战胜利纪念》的烟画，一共120枚。并抢在裕华烟草公司之前，率先问世。

　　上海汇众烟草公司位于上海安庆路388弄87号，系王芝生、郝铭山二人合伙投资开办，主要生产"双烟"、"国芳"、"龙马"、"松鹤"牌香烟。抗战胜利后，他们又增加投资，扩建新厂，迁入新疆路南林里15号新厂。王、郝二人头脑灵活，经营有方，业务越做越红火。为了与裕华烟草公司抗衡，特别注册了新品牌"纪念"香烟，以配合《抗战胜利纪念》烟画上市。这一设计特别成功，用"纪念"牌香烟配赠《抗战胜利纪念》烟画，一经问世，十分轰动，使该厂产品销路大增，着实红火了一阵。这套烟画以上海的"一·二八"战事、"抗日远征军"和"日本投降"三大内容为主，文字表述简约明了，与《抗战八年胜利画史》相较，各有千秋。

　　1951年，《人民日报》将裕华烟草公司出品的《抗战八年胜利画史》定性为"反动烟画"。汇众烟草公司的这套画片，也因为肯定了蒋介石和国民政府军队在一线战场上的战绩，而谈虎色变。急忙销毁印版、清理库存，终止了发行。后来，由于"镇压反革命"、"清查国民党特务"、"三反五反"等政治运动的连续开展，在社会流传的这套画片多被销毁，目前存世甚少，难求全豹。笔者从自己收藏的115枚中，选取75枚编入此章，以飨读者。图片的说明文字参考原烟画所印文字。

《抗战胜利纪念》

蒋介石在庐山开紧急会议

蔡将军计划对日抗战事宜

我勇士一致赞同，愿为敢死队

整齐的步伐，雄壮的歌声，这是守卫国土的一队

守着岗位，我十九路军雄姿

江湾国军哨兵

活跃于宝山路口我健儿

国军在闸北展开巷战

天通庵的一角,日寇的魅影发现于铁路旁

八字桥上国军等候敌人杀个痛快

国军沉着应战,决心保卫国土

国军英勇攻向敌人防线

日哨兵被国军猛刺毙命

我大刀队大发神威

国军神勇杀敌

一片正义的呐喊，勇士们向前冲杀，日寇东逃西散

国军静静等候,不见敌人不发枪

机枪在防御土堡内扫射敌人

小小轻机关枪,却有很大的收获

日寇在天通庵狼狈溃退

国军驻防在壕内,虽值深夜不稍疏忽

国军在战壕内行列

江湾国军迫击炮之轰鸣

国军埋伏在林中,用机枪向日军密集扫射

国军攻其不备,致获全胜

我们的领土上染上了侵略者的鲜血

我勇士身上绑着手榴弹,决与敌人拼命

勇士们尽了你们最后职责

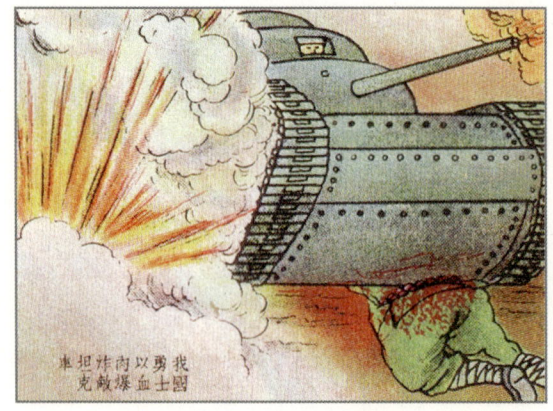
我国勇士以血肉爆炸敌坦克车

视察前线之我军长

国军长官在前线指挥作战,给敌人一个重大打击

重机枪每一颗子弹,都得到相当的代价

《抗战胜利纪念》

日军退入租界,国军追到租界,当局已将铁门关闭

杀呀,将敌人驱逐出我们的领土

保卫长城之健儿

卫兵失职,旅长训话

国军开赴台儿庄驻防时之行列

日军发枪漫无目标，国军在防线内谈笑自若

国军誓死悍卫北平故都

日寇无故燃烧民房

日寇驱逐村民,复以机枪扫射

残暴的日寇以我儿童做戏

万籁寂静时,国军偷袭城厢

冲入敌军阵中神勇杀敌

新式重机枪扫射敌人

马队作战迅速前进,敌人望风披靡

野战炮士兵装弹预备轰毁敌人防线

敢死队于敌人炮火密集下,进攻某据点

国军于巨型坦克车掩护下反攻桂林

国军于坦克车前导下攻陷衡阳城垣

远征军运输队

高射炮轰射敌机纷纷坠地

国军步出防空壕

国军发现敌舰后乃开炮轰击

日军偷渡被国军发现,用手榴弹击退

缅甸方面,国军与英国盟军并肩作战

《抗战胜利纪念》

检阅新六军

我新六军同英美军在缅甸向对江敌人以机枪扫射之情形

我新六军破天险涉水入孟拱河追击敌人

国军克复缅甸铁桥

飞机领导战舰前进之雄姿

汽艇机枪队侦察海岸敌人

我伞兵队正在鱼贯登美国巨型机飞往缅甸,以便降落作战

降落伞兵袭断敌人联络

国军反攻缅甸复于晨曦中进占某据点

盟军野炮队正向敌营地轰射之情形

我新一军坦克车队以飞机掩护进攻缅甸密芝那之城郊

美军坦克车掩护步兵冲锋之情形

美式配备之国军武器犀利，日寇望风披靡

机车队巡逻公路，保护军事运输

江湾机场日军向我空军长官献降

《抗战胜利纪念》

全面胜利后缴获日军武器无数

萧参谋长复交与何总司令致冈村备忘录一件,令今井签字盖章,今井允立即转达

日冈村于降书上盖章

何应钦将军审视日代表投降文件

《抗日烟标》

烟画名称：《抗日烟标》
出版时间：1931 年—1946 年
编辑数量：32 枚

说明：

烟标是纸卷香烟的外包装。规格大多分为十支装和二十支装两种。此外，还有圆型铁厅装和长方形条装纸盒等不同规格。这种外包装的作用，主要是规范产品、保护纸烟，昭示品牌，说明香烟支数、产品质量，还具有推广产品、推销产品的广告作用。在抗日战争时期，烟标作为一种宣传媒体，同样具有政治色彩，敌我双方都利用它的实用性、流传性、广泛性为侵略战争和反侵略战争服务。它在战时所起到的作用，与前边介绍的烟画一样，具有相同的功能。

上世纪初，日本对烟草施行专卖政策，起先并不重视烟标的宣传作用，而一旦产生了侵略的野心，烟标也就披上了政治外衣，他们把在国内、国外军需的卷烟品牌冠以"云龙"、"大陆"、"共荣"、"旭日"、"太阳"等名称，用作侵华宣传、煽动民族情绪等。同样，中国的爱国厂商也充分地利用这种"武器"，将产品冠以"918"、"马占山将军"、"胜利"、"无敌"、"大刀"、"醒狮"等名称，宣传抗日，鼓舞军民斗志，借以宣示抗战的决心。

本章选择了抗战期间，中国南、北不同地区的烟草公司在不同时期推出的、蕴有抗战意义的烟标作品三十二帧，附之于后。作为民间抗战史料，与读者共同赏析。

"918"牌烟标〔1931年〕 中国福昌烟草股份有限公司出品

"飞将军"牌烟标〔1943年〕
中民手工卷烟厂出品

"马占山将军"牌烟标 [1931年]　中国福昌烟草股份有限公司出品

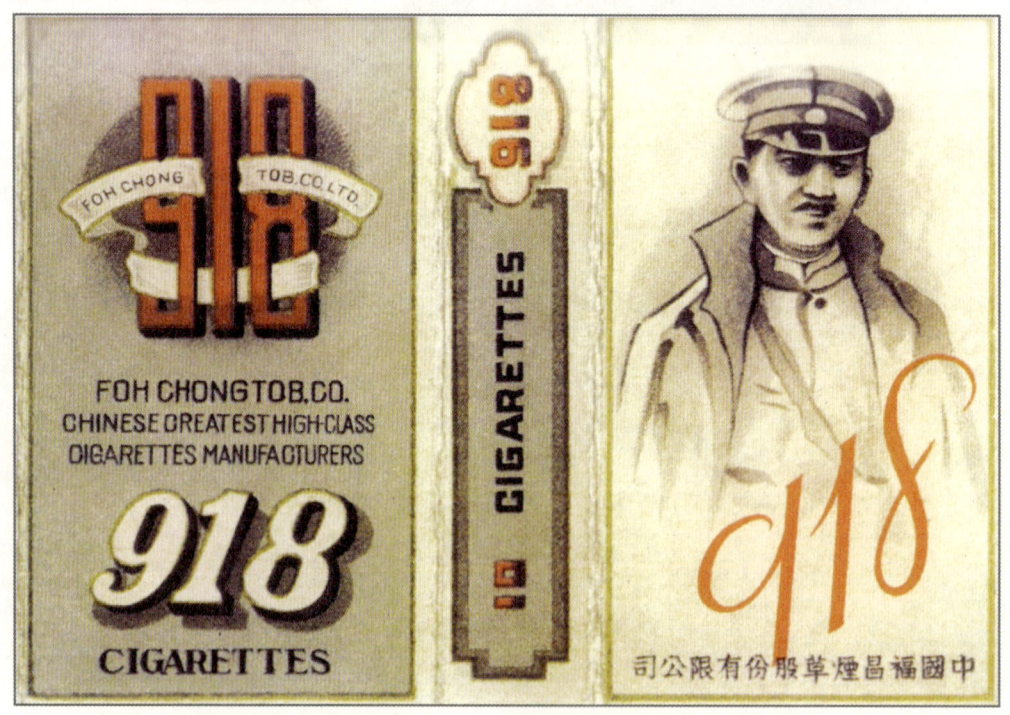

"918"牌烟标 [1931年]　中国福昌烟草股份有限公司出品

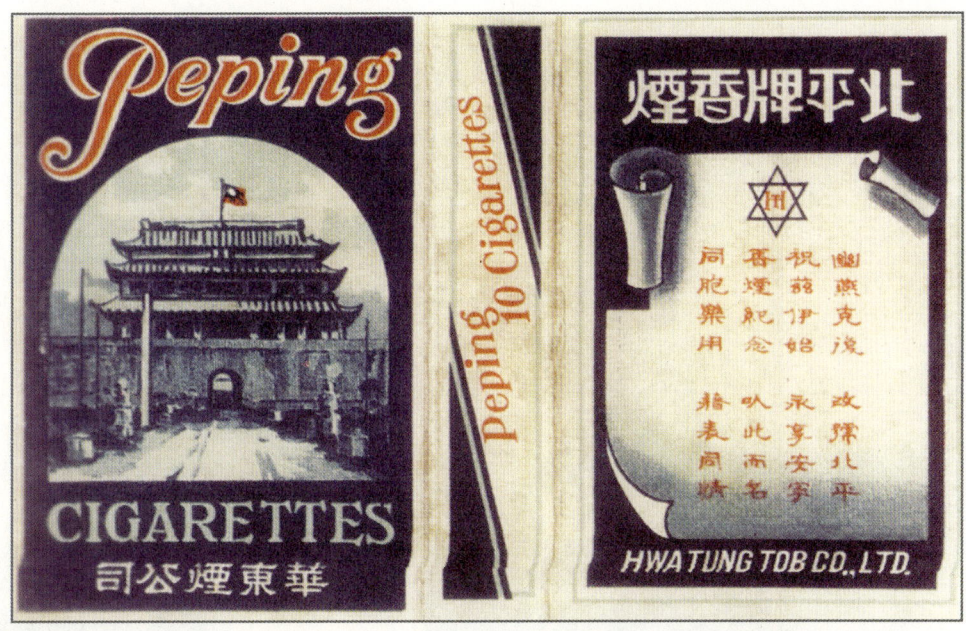

"北平"牌烟标 [1945年]　中国华东烟公司出品

"司令"牌烟标 [1932年]　中国南林烟公司出品

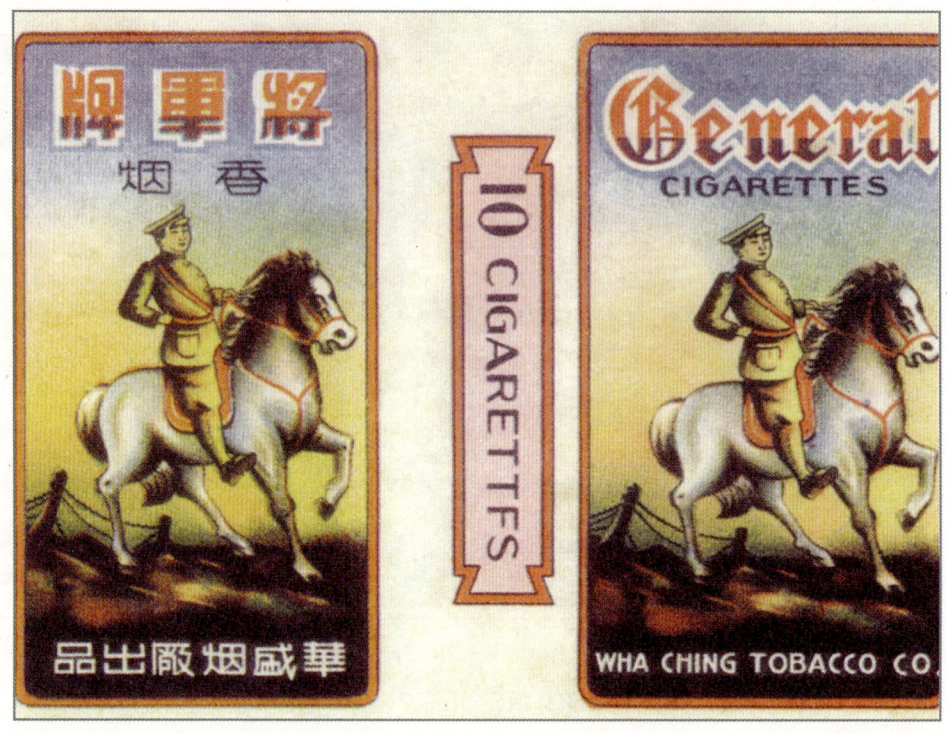

"将军"牌烟标〔1932年〕 中国华盛烟厂出品

"大刀"牌烟标〔1932年〕 中国福新烟草公司出品

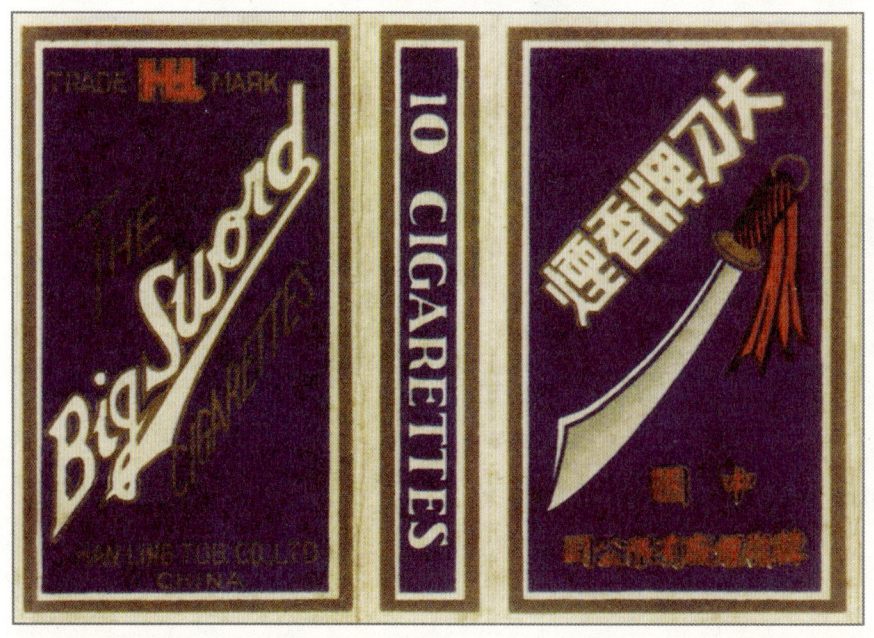

"七七"牌烟标［1943年］　中国云南纸烟厂出品

"红大刀"牌烟标［1940年］　中国营口卷烟厂出品

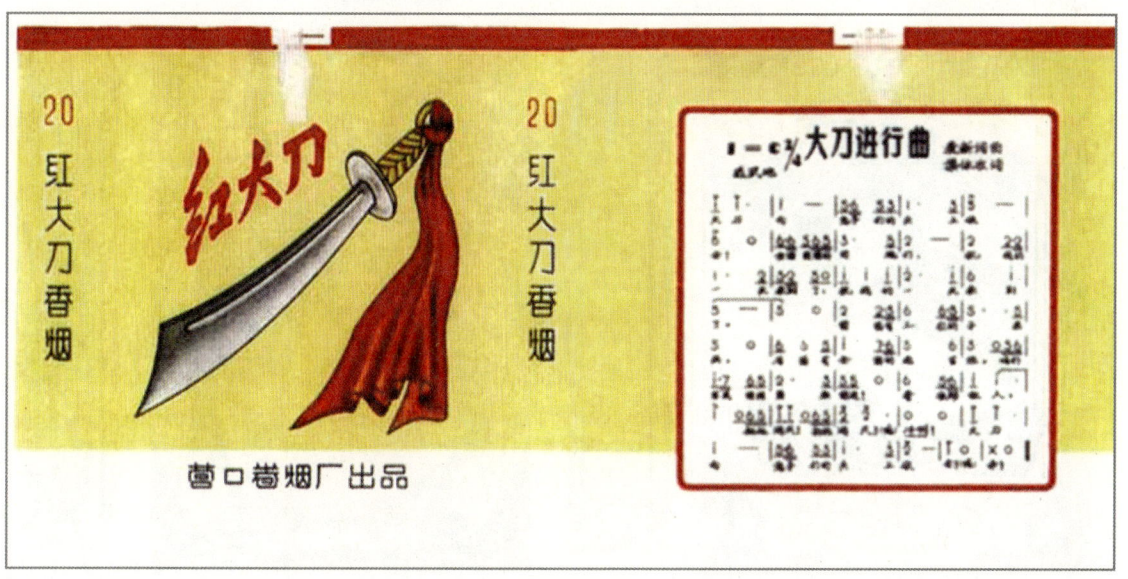

"国魂"牌烟标 [1941年] 中国重庆久大烟厂出品

"大飞机"牌烟标 [1941年] 中国广州何芸蓼烟庄出品

"八百壮士"牌烟标〔1932年〕　中国大城烟草公司出品

"无敌"牌烟标〔1938年〕　中国福新烟公司出品

"玉狮"牌烟标［1944年］ 中国华达烟公司出品

"航舰"牌烟标［1944年］ 中国新民烟厂出品

《抗日烟标》 135

"胜利"牌烟标 [1945年]　联合烟公司出品

"凯旋"牌烟标 [1945年]　中国新常烟草公司出品

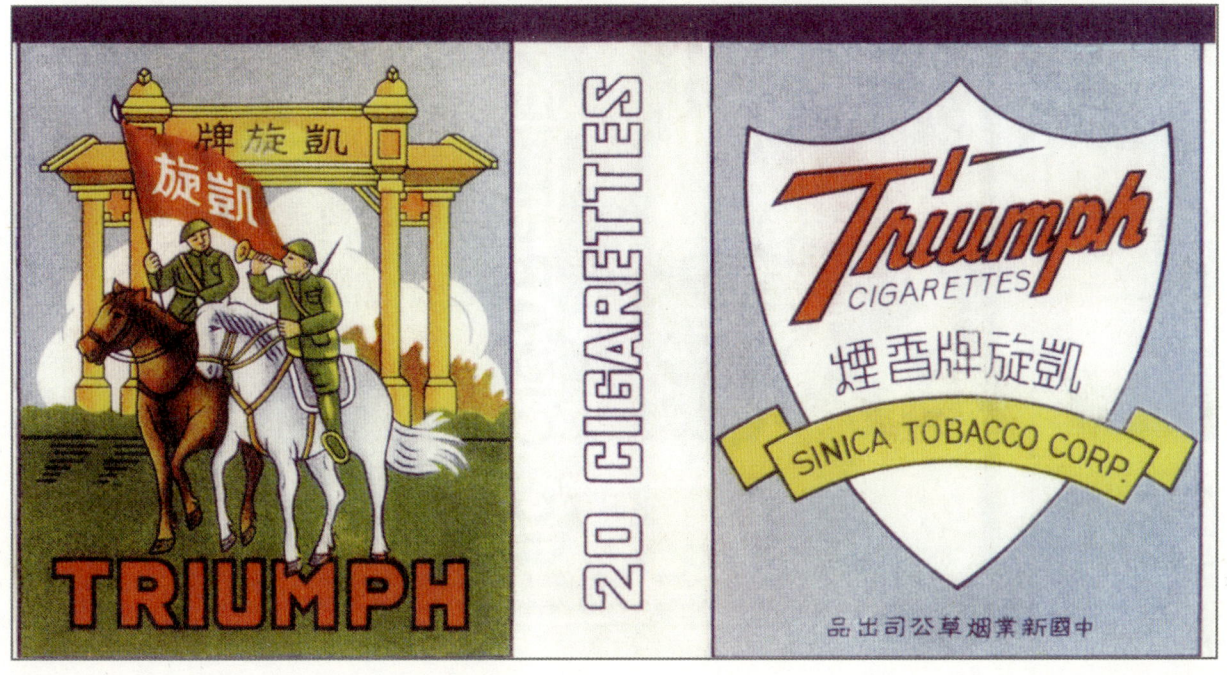

"难胞"牌烟标［1931年］　上海难民习艺所出品

"木兰"牌烟标［1932年］　中国申新烟草公司出品

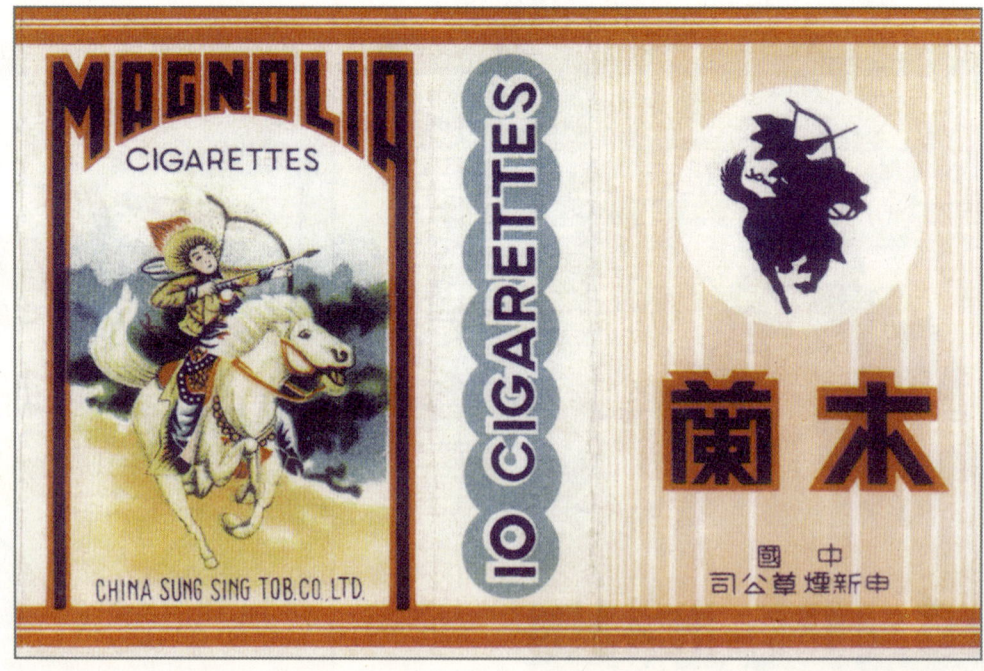

"前敌"牌烟标 [1940年]　中国国民烟草公司出品

"国军"牌烟标 [1938年]　中国三民烟厂出品

"大胜利"牌烟标 [1938年]　中国李香兰烟庄出品

"航空"牌烟标 [1939年]　中国华兴烟厂出品

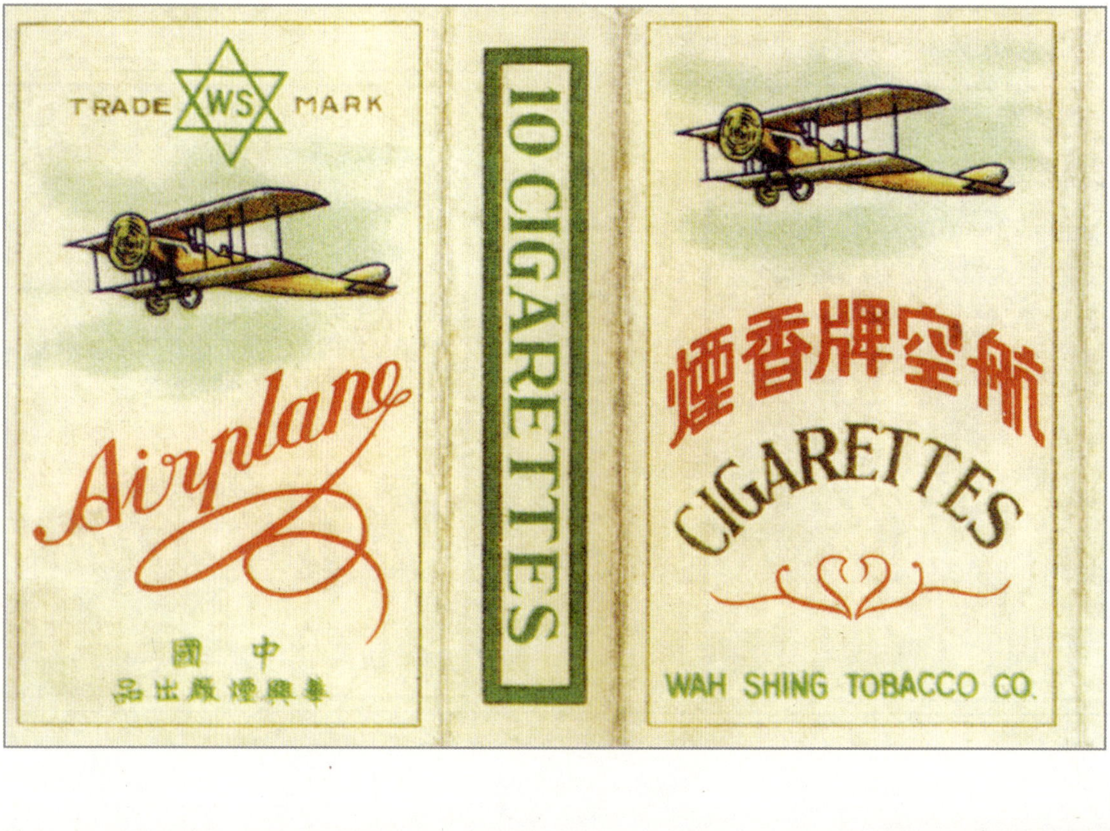

"远征军"牌烟标〔1944年〕 中国精神烟厂出品

"双旗"牌烟标〔1944年〕 中国天津鸣记烟厂出品

"烈士"牌烟标 ［1938年］　　中国黎明烟草公司出品

"忠孝"牌烟标 ［1940年］　　中国永丰烟草公司出品

"太平洋"牌烟标［1942年］ 中国大中烟厂公司出品

"99"牌烟标［1945年］ 中国光明兄弟烟厂出品

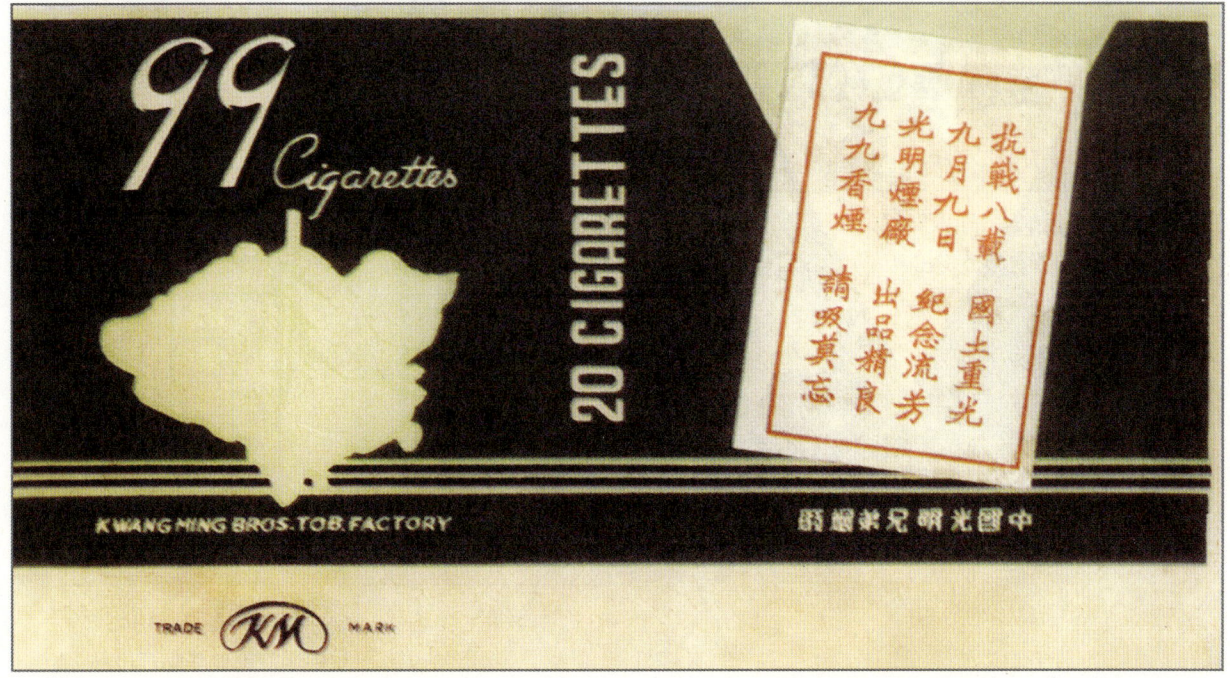

"薛仁贵"牌烟标［1933年］
中国振中烟草有限公司出品

"同盟"牌烟标［1945年］
中国旌德建华烟厂出品